社会保障 DX 戦略

DIGITAL TRANSFORMATION

アクセンチュアが提起する〈デジタル時代の雇用と年金〉

立石英司
TATEISHI EIJI
＋
アクセンチュア 社会保障領域チーム

日本実業出版社

ゴルディアスの結び目をデジタルで両断する

　社会の閉塞感が、私たちの暮らしや仕事のなかに漂っています。複雑にもつれ合う結び目は解けるのでしょうか。どんよりと立ち込める暗闇の先に、出口はあるのでしょうか。

　思い起こせば2020年は、東京オリンピックの開催年として世の中が盛り上がりを見せ、失われた時代からの脱却と景気回復への期待を抱かせる光ある年になるはずでした。いざ蓋を開けてみると、新型コロナによるパンデミック、緊急事態宣言、世界経済の停滞と、先行きの見えない混沌に陥っています。この落差の激しい現実を、一体誰が予想できたでしょうか。

　本書の対象とする社会保障領域においても、新型コロナによるダメージがボディブローのように効いてきました。実体経済や株式に与える悪影響の規模は過去の様々な危機と比べても大きく、今後倒産や失業が多種多様な業種において長年にわたって発生する可能性があります。つまり、公共サービスとしての社会保障にとって中心課題となる失業者や生活困窮者という社会的弱者が、数多く苦境に立たされるわけです。まさにこれからが正念場です。

　アクセンチュアは、世界51か国、200都市に展開するグローバル企業であるとともに、日本事務所発足以来、約60年にわたって、日本国内でサービスを提供してきました。私たち公共サービス・医療健康本部の社会保障領域チームにおいても、年金・労働・福祉等の現場で厚生労働省をはじめとした官公庁や自治体の顧客に対して、コンサルティングや業務システム導入などの幅広い業務に長らく従事させていただいています。業務遂行にあたっては、日頃から世界各国の公共サービスにおけ

る社会保障領域などの業界グループごとに密に連携し、課題や最新事例の共有と、相互にそれぞれの問題解決を模索するために多岐にわたる活動を進めてきています。

　また、"One Accenture" として、公共サービスをはじめ、製造・流通、通信・メディア・ハイテク、金融、素材・エネルギーに至るあらゆる業界と、ストラテジー＆コンサルティング、インタラクティブ、テクノロジー、オペレーションズを担う専門家集団が複合的に連携し、個々の顧客が抱える問題解決に対応する態勢を構築しています。

　新型コロナにより、これまでデジタル化を進められていなかった現状が顕わになり、民間企業は生き残りをかけた厳しい戦いを強いられ、行政機関も未曾有の事態への対応に現場は逼迫しています。様々な対応を迅速に展開していかなければならない現状において、私たちもその危機に対し同じ船に乗って一丸となって進めていこうとしています。その解の１つがデジタルトランスフォーメーション（Digital Transformation：DX）の加速である点は疑いようがありません。

　新型コロナの前、つい数年ほど前の話をします。アクセンチュアグローバルの労働・社会保障領域を統括するリーダーが日本の実情を視察に訪れました。ある顧客の元へ向かう途中、電車のホームにある自動販売機で私がドリンクを買う様子に、彼は感嘆しました。大型のタッチパネル式ディスプレイに数十種類の商品が並び、年齢や性別をセンサーで感知して「おすすめドリンク」が表示される仕組みになっていたからです。駅からタクシーに乗るときも、彼は感心していました。ドアが自動的に開いたからです。しかし、彼が最も驚いたのは、そのあとでした。日本のとある公共サービスの現場の実情を聞いた彼は、眼を丸くしてこう言ったのです。
「日本は、タクシーのドアも勝手に開くし、自動販売機も超先進的。デジタル・デバイスも氾濫している。それなのに、行政の手続きは未だに

紙とハンコでやっているなんて！　両極端が共存している不思議な国だね。ふつうは全部一緒に変わっていくはずなのに、なぜ行政のほうだけ30年以上前のままで平気でいられるの？」

　20年以上前、2000年に成立した「IT基本法（高度情報通信ネットワーク社会形成基本法）」に基づく「e-Japan戦略」に端を発し、最近の「デジタル・ガバメント実行計画」に至るまで、国を挙げて電子化を進めようとしてきた一方、こうした「紙」「ハンコ」の手続き・業務が厳然と残っているのです。

　奇しくも新型コロナ対応の最中に、こうしたデジタル化の現状課題が一層顕著に表れた公共サービスの領域では、ハンコ撲滅の取組みが急速に進み始めました。しかし、ハンコだけが問題であったわけではありません。市民を助ける社会保障制度は拡充してきていますが、新たな制度ができた分だけ申請用紙も添付書類も増えていく。マイナンバー制度による簡素化が検討されているものの、ペーパーレスどころか、以前より扱う紙が増えている部署さえもあるのではないでしょうか。増え続ける紙情報を処理するために、今もなお事務作業は煩雑さを極め、職員は長時間勤務にさらされ続けています。日々膨大な業務に追われ、さらに新型コロナ対応のための新規の業務（助成金対応など）へも応えつつ、消耗し、疲弊しているのが現実です。

　ここで1つ断言できるのは、役所の現場で働くみなさんは何とか現状を改善しようと日夜、必死になって頑張ってこられたという事実です。では、なぜそれが肌感覚として感じられないのでしょうか。また、これらの課題が山積みの状態でありながら、新型コロナの影響が正念場を迎える局面において、どう対応していけばよいのでしょうか。

　こういう書き方をすると、先行きに困難が待ち受け、険しく暗い道だとたじろいでしまうかもしれません。ですが、私たちが進む道は、むしろ「楽しく、夢のある世界」だと思っています。現状が30年前のプロ

セスだとすれば、この先は「改革したい放題」になるのです。変われる余地をたくさん秘めている可能性の塊と言えます。未来に向けて一歩踏み出すごとに、職員も市民もともに楽しさを経験でき、世の中がよくなる様子が実感できるでしょう。

　さらに言えば、目指す世界は、すぐそこにあります。変革に必要なテクノロジーは、すでに私たちの手の内にあります。どう組み合わせ、どう現実に適用していくか。その手順さえ知っていれば、今すぐにでも果実を手にできる環境が整いつつあるのです。

　本書の最大の狙いは、国内外の行政機関や数多くの民間企業との変革への支援を通じ、先進事例に関わってきたアクセンチュアからの視点で、日本の社会保障が置かれている現状と未来についての論点を示すことです。今回は、雇用、医療、年金、介護など幅広い社会保障の分野のなかで、特に、生涯にわたる生計の基盤となる「雇用（労働）と年金」領域をフィーチャーします。

　ですが、我われは政治家でも官僚でもありません。この国の雇用・年金制度そのものの是非を問う議論ではなく、現状の制度と近い将来の予見を踏まえながら、行政サービスを提供する側と受ける側、行政職員と市民の目線で描いていることを、最初にお断りしておきます。

　Chapter1では、まず、社会保障制度及びその運営の前提となっている日本の社会環境の動きについて、新型コロナの影響に基づく今後の見通しという現実と課題を直視したいと思います。

　これらの課題認識を踏まえて、Chapter2では、現代のデジタル社会におけるトレンドを踏まえた社会保障が目指すべき姿・コンセプトを示します。

　Chapter3においては、社会保障行政の現場に焦点を当てます。社会保障サービスの担い手でありながら、マスコミや市民からバッシングさ

れることの多い役所の現場の方々の置かれた状況、役所の現場が奮闘しても残念ながら変革を実現してこられなかった原因・制約・障壁について、アクセンチュアなりの見解を示します。

　そうした社会保障の現場にデジタルトランスフォーメーションをもたらすための処方箋を示すのがChapter4とChapter5です。Chapter4では、まず、アクセンチュアが毎年提示している "Technology Vision" というレポートから業界横断のトレンドやホットなトピックを参照し、デジタルトランスフォーメーションを成功させている海外機関や民間企業の事例を踏まえながら、イノベーションと将来像の実現の種を紹介します。続くChapter5では、Chapter3で示したボトルネックを解消し、社会保障行政のデジタルトランスフォーメーションを前に進めるための方策をご提示したいと思います。

　折しも、本書執筆中のタイミングで、菅内閣が発足し、公共のデジタル化を推進するデジタル庁の創設が議論されています。改革の行きつく先のさらなる将来とデジタル庁への期待をしたため、本書の最後にまとめたいと思います。

　本書では、社会保障を通じた日本社会への貢献に、日々使命感を持って戦われている役所の現場の方々に対して、少しでも光を当てることを目的としています。

　新型コロナで顕在化した社会の閉塞感というゴルディアスの結び目*を、デジタルトランスフォーメーションという剣で断ち切る、その一助となれば幸いです。

2021年3月　執筆者を代表して　　立石　英司

---

*古代アナトリアのフリギア国王ゴルディアスが残した「世にも複雑な縄の結び目」のことで、「手に負えない難題」の比喩。「解けた者がアジアを支配する」と言い伝えられたが、数百年にわたり誰も解けなかった。のちに、アレキサンドロス大王が、剣で断ち切るという大胆な方法で解き放ち、アジアの王となった。

Contents

はじめに

Chapter 1

///

百人百様の人生100年時代、
日本社会の現状

Chapter 2

これからの社会保障が
目指すべき姿

Chapter 3

社会保障行政が抱える
DX 推進の障壁

Chapter 4

社会保障DXが実現するもの
〜「私」に寄り添う
デジタル・エコシステム

Chapter **5**

社会保障DX成功の鍵
～トライアル＆エラーで　素早く成果に辿り着け

おわりに

執筆協力／木村元紀
本文デザイン・DTP ／初見弘一

百人百様の人生100年時代、日本社会の現状

「人生100年時代」の扉はすでに開かれています。「2007年生まれの2人に1人は107歳まで生きる」と推計され、2030年に大学を卒業する若者の半数は、人生100年を意識して人生を歩み始めるはずです。2030年の新社会人が、輝かしい未来に向けて自信を持って一歩を踏み出せるか、それとも、不透明な将来に不安を抱えたまま進まざるをえないか。どちらの道が開かれるかは、社会保障行政の行方にかかっていると言えます。新社会人だけでなく、あらゆる世代が前向きに人生100年時代を謳歌できる時代を迎えるうえで、押さえておくべき現代社会の実情とトレンド、日本の社会保障が直面する課題を初めに整理しておきましょう。

ポイントは2つ、日本社会全体に広がる「百人百様の多様性」と、昨今の新型コロナによって明るみに出た「行政に対する期待値の高まり」です。

幻影となった「標準世帯」
～メジャーのない世界

■シュリンクする現役世代、膨らむ不安

　日本は2007年に、65歳以上の高齢者が総人口に占める割合＝高齢化率が21％を超え、世界で初めて「超高齢社会」に突入しました。翌年の2008年に総人口が1億2,808万人でピークを打ち、少子化・多死化による総人口の減少も進んでいます。高齢化問題を巡る課題先進国と言われる所以です。

　総人口の縮小以上に深刻なのが、15歳から64歳までの「生産年齢人口」の大きな落ち込みです。生産年齢人口は、総人口の減少が始まる10年以上前、団塊世代が働き盛りの40代後半だった1995年をピークに下がり始め、現在までの四半世紀の間に1,200万人以上も減少しました。東京都の人口に匹敵するボリュームが、ごっそり消失してしまったわけです。欧米にない特異な現象と言えます。

　現在の公的年金制度は、20歳から64歳までの現役世代が保険料を負担し、65歳以上の高齢者世代への年金給付費用をまかなう「世代間扶養」（「仕送り方式」とも言われます）の考え方を基本に運営されています。このまま生産年齢人口が減り続ければ、「将来年金をもらえるのか」と現役世代が不安を抱くのは当然です。確かに人口構成を基にした次ページ下図のような推計を見ると、悲観的なイメージを持たざるを得ないのは無理もありません。

◇ 生産年齢人口の推移 ◇

〈各国 2000 年を 100 として指数化したもの〉

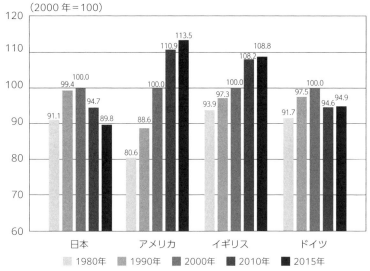

（出典）国連「世界人口推計 2015 年改訂版」より作成

◇ 高齢者 1 人を支える現役世代の人数 ◇

50年前の1970年は野球チームのメンバー9人で監督1人を胴上げできたが、2010年は運動会の騎馬戦になり、30年後の2050年にはほぼ1人でお年寄りを肩車する状態に

（出所）総務省「国勢調査」、社会保障・人口問題研究所「日本の将来推計人口（平成 24 年 1 月推計）」
（出生中位・死亡中位）、厚生労働省「人口動態推計」より作成

◇ 労働力人口とは ◇

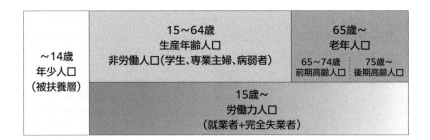

生産年齢人口は、生産活動の中核となる年齢層のこと。あくまでも年齢のみで分けた枠組みで、社会保険料の担い手にならない非労働力人口も含まれる。「労働力人口」は、実際に仕事をしている労働者か、仕事をする能力と意思を持って求職活動をしている完全失業者。つまり、社会保険料を負担する（または負担する見込みのある）労働者で構成される

　生産年齢人口の激減は、社会保障制度の根幹を揺るがす問題の1つであることは間違いありません。ただし、今後の雇用と年金を考えるうえでは、生産年齢人口に加え労働力人口に着目することも重要です。両者は上図のように別々の概念でそれぞれ異なる動きをしており、労働力人口の推移を見ることで、単に年齢層で区切った生産年齢人口ではわからなかった働く人々の実相が読み取れます。

　生産年齢人口は1995年にピークを打ったあと、一貫して右肩下がりになっていますが、労働力人口は1998年に一度ピークを迎えて減少に転じるものの、2012年を底に再び増加し始めているのです。2019年時点で1998年のピークを越えています。2012年以降の7年間で、生産年齢人口は510万人減り、労働力人口は321万人増えました。

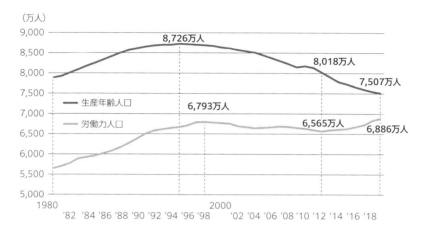

◇ 生産年齢人口と労働力人口の推移 ◇

（万人）

- 8,726万人
- 8,018万人
- 7,507万人
- 6,793万人
- 6,565万人
- 6,886万人

生産年齢人口
労働力人口

（出典）生産年齢人口は総務省「人口推計」、労働力人口は総務省「労働力調査」より作成

　この7年間に労働力人口を引き上げた原動力は、女性と高齢者です。労働力人口の内訳を見ると、生産年齢人口に相当する15〜64歳の男性は134万人以上も減少している一方で、人口統計上は被扶養者とされる65歳以上の男性は166万人の増加。女性は、15歳以降64歳未満がプラス158万人、65歳以上はプラス131万人で、ともに増えています。

　高齢者の労働参加が増えている背景は、健康寿命が延びるなかで「高齢者意識」を持たないエイジフリーなシニアが増えて就業意欲が高まっている点や、若年層の採用難を補う人材確保の対象がシニア層に広がっている点が挙げられます。

　女性の労働力比率が高まっている理由としては、晩婚・非婚化の加速や共働き世帯の増加が考えられます。特に目立つのが共働き世帯の急増です。専業主婦世帯がメインの時代は1990年代後半に終わり、共働き世帯に追い抜かれました。

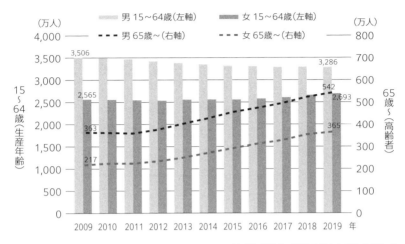

◇ 労働力人口の男女別・年齢階層別の推移 ◇

(出典) 総務省「労働力調査年報」より作成

　2010年以降に共働き世帯の上昇カーブが急勾配になっている点にも
注目してください。子育て支援・女性活躍推進の政策により、育児休業
や短時間勤務が普及し、仕事と家庭の両立、出産後の職場復帰がしやす
くなったことが後押ししていると考えられます。

　今回の新型コロナを契機としたテレワークの急速な浸透に加え、70
歳までの就業機会確保に向けた法整備の方針を政府が打ち出しているこ
とから、引き続き2020年代半ばまでは女性と高齢者の労働人口が増加
する余地があると見られます。

　とはいえ、少子化による生産年齢人口全体のボリューム縮小は止めら
れません。2030年には労働力人口も900万人不足すると予測されてい
ます。労働力リソースを外へ求める、つまり外国人材をより一層積極的
に受け入るということも考えていかなければ、日本経済が立ち行かなく
なるのは明らかです。

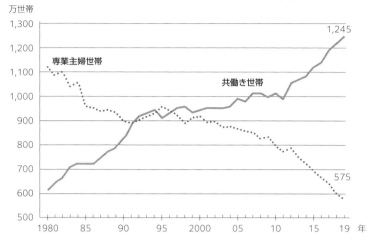

◇ 専業主婦世帯と共働き世帯の推移 ◇

（出典）厚生労働省「厚生労働白書」、内閣府「男女共同参画白書」、総務省「労働力調査特別調査」、
　　　　総務省「労働力調査（詳細集計）」より作成
（注1）「専業主婦世帯」は、夫が非農林業雇用者で妻が非就業者（非労働力人口及び完全失業者）の世帯
（注2）「共働き世帯」は、夫婦ともに非農林業雇用者の世帯
（注3）2011年は岩手県、宮城県及び福島県を除く全国の結果
（注4）2013年〜2016年は、2015年国勢調査基準のベンチマーク人口に基づく時系列用接続数値

■地方の弱体化、そして東京、日本の弱体化へ

　少子高齢化・人口減少の問題と常に同時に語られるのが、都市と地方
の問題です。人口減少トレンドも、日本全国で均一なわけではなく、地
方においてより顕著な事態が確認されています。国立社会保障・人口問
題研究所「日本の地域別将来推計人口（平成30年推計）」によると、全
国各市区町村のうち、2015年時点と比べて、2045年に総人口が増え
るのはわずか94市区町村。全市区町村の5.6％に留まると推計されて
います。つまり、残る1,588市区町村（94.4％）では人口が減少すると
予想され、さらにこのうちの334市区町村（19.9％）では総人口が半
数以下になるほどの急激な下降トレンドになると見込まれています。

内閣府の「まち・ひと・しごと創生本部」によると、人口減少の進み方は大きく３段階に分けられます。「第１段階」は、若年人口（ここでは老年人口以外を指します）が停滞または減少する一方で老年人口が増加する状態。「第２段階」は、若年人口の減少が加速するとともに、老年人口が横ばいか微減に移行する状態。そして「第３段階」は若年人口、老年人口ともに減少する状態です。この進み方が、地域によってズレてきます。

　東京都区部や中核市、いわゆる大都市地域は、まだ「第１段階」に位置します。ただし、2045年まで人口増加トレンドが続くのは東京都区部のみ。それもわずか５％の増加に止まり、中核市の多くは平均14％の人口減少になると推計されています。そして、人口５万人以下の市町村はすでに「第２段階」、過疎と呼ばれる地域は早くも「第３段階」まで到達。それぞれ34％、47％の人口減少が予測されています。

　これらの地方における人口急減は、出生率の低下がもたらす「自然減」に、若者が大量に大都市圏へ流出する「社会減」が積み重なって生じたものです。地方から大都市圏への人口流入のピークは高度経済成長期でした。"金の卵"と呼ばれた集団就職組を含めて三大都市圏へと「民族大移動」が起きたわけです。1980年代後半からのバブル経済期にも大都市へ人口流入が増えましたが、大阪圏や名古屋圏への流入の山は高くありませんでした。

　2000年以降、現在に至るまで大幅な転入超過が続いているのは東京圏だけです。東京圏の求人状況が高い水準で続いていた面もありますが、東京一極集中にブレーキがかかりません。今や一都三県合わせても国土面積の3.6％しかない場所に約3,700万人、総人口の３分の１近くが集まっています。欧米の比較的人口の多い国でも首都圏の人口比率は５〜15％程度に収まっているのに比べると、日本における東京圏への人口集中度合いは突出していると言えるでしょう。

◇ 2045年における総人口の指数別市区町村数と割合 ◇

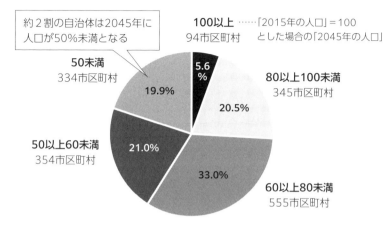

約2割の自治体は2045年に
人口が50%未満となる

100以上 ……「2015年の人口」＝100
94市区町村　　とした場合の「2045年の人口」

50未満
334市区町村

5.6%

19.9%

20.5%

80以上100未満
345市区町村

50以上60未満
354市区町村

21.0%

33.0%

60以上80未満
555市区町村

（出典）国立社会保障・人口問題研究所「日本の地域別将来推計人口（平成30年推計）」より作成

◇ 三大都市圏及び地方圏の人口移動の推移 ◇

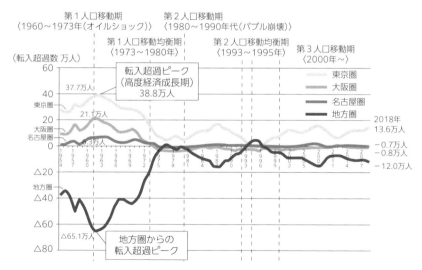

第1人口移動期
〈1960〜1973年（オイルショック）〉

第2人口移動期
〈1980〜1990年代（バブル崩壊）〉

第1人口移動均衡期
〈1973〜1980年〉

第2人口移動均衡期
〈1993〜1995年〉

第3人口移動期
〈2000年〜〉

（転入超過数 万人）

転入超過ピーク
（高度経済成長期）
38.8万人

東京圏
大阪圏
名古屋圏
地方圏

2018年
13.6万人

37.7万人

21.1万人

8.3万人

−0.7万人
−0.8万人

−12.0万人

△65.1万人

地方圏からの
転入超過ピーク

（出典）総務省「住民基本台帳人口移動報告」（日本人移動者）より作成
（注）上記の地域区分は以下の通り

東京圏：埼玉県、千葉県、東京都、神奈川県　　三大都市圏：東京圏、名古屋圏、大阪圏
名古屋圏：岐阜県、愛知県、三重県　　　　　　地方圏：三大都市圏以外の地域
大阪圏：京都府、大阪府、兵庫県、奈良県

この転入超過数の年齢構成を見ると、20～24歳を中心に10代後半から20代までの若い世代が大半を占めています。大学や専門学校への進学時や学校卒業後に就職する際の転入が、主なきっかけだからでしょう。東京圏の大学に進学したあとに地元に戻って就職する、生まれ育った東京圏から地方へ移住して働く、いわゆる「Uターン」「Iターン」への関心が高まっているのも確かですが、人口動態に影響するほどのボリュームはありません。むしろ、地元の大学に進学しながら、卒業後に東京圏へ転出する傾向が強まっています。この傾向が男性より女性に顕著であるということも、近年の東京集中現象の特筆すべき点でしょう。"東京へのあこがれ"が若者を惹き付けた面もあるかもしれません。現実問題としては、企業の本社機能の集積する東京圏に懐の深い雇用の受け皿があり、若い世代にとって魅力的な仕事を見つけやすい環境にある点が大きいでしょう。

　実は、大都市への一極集中は、地方と大都市の双方にとって好ましくありません。地方にとっては、今後の生産年齢人口の核となるべき若い世代が大都市に集まってしまい、地元に戻ってこない結果、地域の労働力がますます逼迫していく懸念があります。片や大都市側もまた、地方からの流入人口に頼らなければ労働力を維持できません。"人口の母体"とも言える地方経済が衰退すれば、大都市圏へ流入する人口ももちろん減っていきます。中長期的には、大都市も地方と同じ軌跡をたどり、労働力の維持が大きな課題となっていくと予想されます。

　また、大都市圏も高齢化が医療や介護に与えるマイナスの影響から免れることはできません。高齢化率においては、過疎が広がっている地方都市のほうが深刻です。しかし、高齢化率が相対的に低い大都市圏も問題を抱えています。表面的には、人口が集積する大都市圏には、医療や介護を含む各種のサービス産業が進出しやすくなり、競争によってその内容や質も向上するというよい側面しか見えません。しかしそのメリットが続くには当然、サービス産業を支える労働力人口が維持されること

が前提となります。近い将来、東京でさえも労働力確保が大きな問題となっていくなかで、今の社会保障サービスを維持し、助けを求めるすべての人に満足な支援を届けることを約束できるのでしょうか？

　人口減少が地方に限った課題でないことは、もはや誰の目にも明らかでしょう。地方の人口が減少し、地方から大都市への人材供給が枯渇すると、いずれ大都市も衰退せざるを得ません。地方から始まり、すでに地方の中枢都市にも及んでいる日本の人口減少は、最後は大都市を巻き込んで広がっていきます。避けようのない大きなうねりのなかで、地方には地方の、大都市には大都市の、それぞれの異なる実情をとらえたうえで、社会の歪みに囚われ、働けなくなったり、生活に困窮したりする人たちを見つけ、手を差し伸べ、支えられる社会保障が求められているのです。

■もはや標準ではない「標準世帯」

　これまで見てきたように、働く人々の内訳が大きく変わりつつあるにもかかわらず、今も年金制度の骨格は「標準世帯」をベースに作られています。内閣府の前身となる旧総理府は、1969年の家計調査で標準世帯を「夫婦と子ども2人で構成される世帯のうち、有業者が世帯主1人だけの世帯」と定義しました。つまり、「4人世帯、有業者1人」「妻が専業主婦の4人家族」を標準的な世帯と位置付けたわけです。

　1960年代後半から1980年代前半までは、総世帯に占めるシェア1位が「4人世帯、有業者1人」ですから、標準と呼ぶにふさわしい状況でした。しかし、1990年前後には「標準世帯」が2位に後退します。その後も徐々に順位を下げ、今や「4人世帯、有業者1人」は最下位（2019年時点で4.2％＝9位。1位は無業の1人世帯）となりました。

世帯人員別のシェアで言えば、現在は単身世帯がトップ、2位が2人世帯です。1世帯の人数が同じでも世帯構成は均一ではありません。単身世帯のなかには、新社会人から、働き盛りの中高年、年金暮らしの高齢者まで、年齢層も所得もライフスタイルもまるで違うシングルがいます。2人世帯にはDINKs（Double Income No Kidsの頭文字。共働きで子どもを作らない、持たない夫婦を指します）やパワーカップルと呼ばれる高収入夫婦もいれば、貧困率の高い母子家庭も含まれます。現実のテンプレートが変わっているにもかかわらず、もはや標準とは呼べない世帯構成が未だに「標準世帯」と呼ばれているのです。

　政府は、現在のモデル年金を「厚生年金加入者の夫婦で月額約22万1,500円」と説明しています。この算出の基準となるモデル世帯は、「夫が、会社勤めで40年間厚生年金に加入し、入社から定年までの収入がボーナス込みで現役世代の平均額。妻は、20歳から60歳まで専業主婦で国民年金のみに加入していた場合。夫のみの片働き世帯」、つまり、かつての「標準世帯」です。もちろん、共働き世帯や単身世帯の試算も行い、裏では財政検証も行われていますが、一般への周知説明がモデル世帯のモデル年金を中心に行われるため、多くの人々にとって、なじみにくくわかりにくい説明になっている面は否めません。

■インビジブル・ワーカーの登場でカオス化する労働市場

　雇用のあり方、働き方にも大きな変化が起きています。1960年代の高度経済成長の下、人材獲得難の打開と囲い込みのために生み出された終身雇用制度は、「新卒一括採用で入社したあと、年功序列で出世して定期昇給し、定年まで1つの会社で勤めあげる」というお決まりの人生コースを定着させました。しかし1990年代以降、企業は成果主義の評価システムを採用し始め、バブル崩壊の過程で早期退職制度が導入され、次第に終身雇用の慣行が揺らぎだしました。その後も、グローバルな競

◇ 日本の主な世帯構成と総世帯数に占めるシェア ◇

1975年(昭和50年)	1990年(平成2年)	2005年(平成17年)	2019年(令和元年)
1 4人世帯 24.7% (830万世帯)	1 1人世帯 23.1% (939万世帯)	1 1人世帯 29.5% (1,446万世帯)	1 有業の1人世帯 18.6%(995万世帯)
2 1人世帯 19.5% (656万世帯)	**2** 4人世帯 21.6% (879万世帯)	2 2人世帯 26.5% (1,302万世帯)	2 無業の1人世帯 15.9%(847万世帯)
3 3人世帯 18.6% (626万世帯)	3 2人世帯 20.6% (837万世帯)	3 3人世帯 18.7% (920万世帯)	3 2人世帯・有業者0人 13.1%(697万世帯)
4 2人世帯 15.6% (526万世帯)	3 3人世帯 18.1% (735万世帯)	**4** 4人世帯 15.7%(771万世帯) ※平均有業者数1.78人	4 2人世帯・有業者1人 9.1%(486万世帯) ⋮
			7 4人世帯・有業者2人 6.9%(366万世帯)
			9 4人世帯・有業者1人 4.2%(224万世帯) ※4人世帯のうち他の構成分布は、 有業者0人:8万、有業者3人:77万、 有業者4人:41万

(出典)
総務省「家計調査 家計収支編 二人以上の世帯 令和元年度年報」
総務省「家計調査 家計収支編 単身世帯 令和元年度年報」
総務省「国勢調査 時系列データ（平成27年）」
※有業者数別の単身世帯数は令和元年度家計調査結果と平成27年度国勢調査結果から算出。
総務省「家計調査 家計収支編 総世帯 平成17年年報」

争に勝ち残るために優秀な人材を幅広く採用したい企業側の論理と、就社意識が薄れてキャリアアップ志向を強める働く側の論理がマッチし、人材流動化に拍車がかかっています。功罪相半ばする非正規雇用者の膨張も働き方に大きく影響していることは言うまでもありません。

　他社の業務への従事を認める新しい「モデル就業規則案」を厚労省が公開した2018年前後から、大企業が副業解禁に踏み切り始め、2019年には経団連会長が公の場で「終身雇用の維持は困難」と発言。すでに「終身雇用制度」は崩壊寸前です。標準世帯と終身雇用を掛け合わせた「会社に骨をうずめる男性常用労働者」を中心にした労働観は、もはや時代遅れと言わざるを得ません。

IT化による雇用と働き方の多様化も目立ってきました。たとえば、今回の新型コロナでは企業内のテレワークが一気に進展しましたが、往復の通勤時間がなくなって余裕ができた時間に副業を始めた人も珍しくありません。出産・子育てや介護のために復職が難しい女性の在宅ワーク、請負型の副業系フリーランスは、それ以前から広がっています。

　クラウドソーシングの登場で花開いたのが「ギグワーカー」です。ギグワーカーとは、自分の好きな時間に、インターネット上のプラットフォームサービスを活用して単発の仕事を受注するスタイルのこと。日本では料理宅配デリバリーのUber Eats、宿泊施設仲介のAirbnbの家事代行サービスが知られています。その他、コンテンツ制作や事務アシスタントといった特定のスキルが必要な業務から、データ入力やリスト作成、すき間時間を活用したIT版内職とも言える軽作業まで、発注される仕事も多彩です。IT企業が"ギグパートナー"を外部社員として位置付けて、積極的に"採用"するケースも登場しています。

　国連の国際労働機関（International Labour Organization：ILO）は、こうした動きを"仮想労働"や"デジタル労働"とも呼べる新しい労働形態だと指摘しています。「マイクロタスク型の作業を行い、またはバーチャルアシスタントとしてソーシャルメディア活動を支える様々な作業を行うなど、個人はギグエコノミーあるいはクラウドソーシング活動に従事する。（中略）これらの労働者は、専用の職場を持っているわけでもなければ雇用関係が明確なわけでもないという点で『見えない（invisible）』労働者とされる」（『仕事の未来世界委員会インセプション・レポート』ILO、日本語版2017年）というわけです。雇用関係があいまいで既存の規制に収まらないために、十分な社会保障を受けられない可能性への懸念も表明しています。

　もっとも、デジタル・ネイティブな若者たちの働き方は、被雇用者や雇用に近い請負事業者という受け身的な立場に留まっているとは限りま

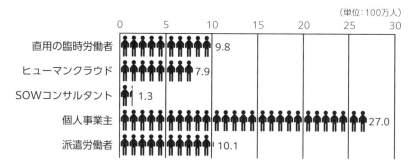

◇ ギグエコノミーの5形態　2018年の人材規模 ◇

（単位：100万人）

	0	5	10	15	20	25	30
直用の臨時労働者			9.8				
ヒューマンクラウド			7.9				
SOWコンサルタント	1.3						
個人事業主							27.0
派遣労働者			10.1				

（出所）Staffing Industry Analysts 2019 Gig Economy Report に基づき作成
（出典）リクルートワークス研究所「Collaboration in the Gig Economy 2019 参加報告」

米国で拡大するギグエコノミーの5形態と人材規模。ヒューマンクラウドとは、仕事の手配から作業内容の管理、支払いまでを完全にデジタル／オンラインで完結できる人材仲介プラットフォームのこと、またはそれを利用して働く労働者。SOW コンサルタントは、発注者との間で取り決めた「SOW＝statement-of-work consultants（作業範囲記述書／業務仕様書）」に基づいて、あるプロジェクトの一部を担う専門的な仕事を実行する個人のこと。SOWには仕事の活用内容や成果物、対価（時間給ではなく固定価格が多い）などが決められている

せん。副業から発展して、クラウドファンディングで資金調達し、初期費用の安いコワーキングスペースを拠点にスタートアップする起業家や、インスタグラムやブログを使いスマホ1つで立ち上げるSNS起業も続々と誕生しています。

「人生100年時代」ブレークのきっかけとなった『LIFE SHIFT』の著者であるリンダ・グラットン氏は、従来の人生設計を「教育・仕事・余生」の3ステージに分け、誰もが同じ時期に同じ順番で進むプロセスだったと指摘しました。人生100年時代には、1人ひとりが好きなタイミングで自由にライフイベントを経験するマルチステージになると予測しています。たとえば、就職後に学び直したり、早めに引退したあとに

再び仕事復帰したり、仕事を掛け持ちしたり……。多様な働き方の1つとして、複数の仕事に同時並行で携わる「ポートフォリオ・ワーカー」の考え方も例示しています。メインに対するサブ、本業に付属する「副業」ではなく、対等な「複業」の組み合わせです。かつてピーター・ドラッカーが提唱した「パラレルキャリア」という考え方も、新しい文脈で見直されつつあります。

■ダイバーシティに潜む見えない壁

　価値観やライフスタイルの多様化は、行政サービスの手が届かない存在を生み出すマイナス面もあります。市民側からすれば、“見えない壁”に阻まれて保障から疎外される例も少なくありません。昨今、認知度が高まっているLGBTはその典型でしょう。

　LGBTとは、「Lesbian：女性の同性愛者」「Gay：男性の同性愛者」「Bisexual：両性愛者」「Transgender：身体的性と性自認との不一致、性別越境者」の頭文字から作られた言葉。身体的性別のみで判断された男女の異性愛者がメジャーとされているのに対して、「性的マイノリティ」「セクシャル・マイノリティ」とも呼ばれます。

　最近では4つの分類には含まれない人々もいることから「LGBTQ＋」という表現も登場。「Q」は「Questioning：わからない、疑わしい状態」と「Queer：風変りな」という2つの頭文字を融合した表現です。「Questioner」は性自認と性的志向が定まっていない人。「Queer」は、そもそも男女の二択になじまない人たちを意味します。さらに、これらのカテゴリーにも収まりきらない「Xジェンダー」「インターセックス」「アセクシャル」……など、特定の枠組みに限らないオープンな定義という意味合いを込めて「＋」が加わっているわけです。国連人権委員会では、インターセックスのIを加えた「国連LGBTI企業行動基準」を示

◇ LGBT アライ（支援者）プログラムの様子 ◇

> アクセンチュアは、著名なグローバル企業とともにコンソーシアムを組み、世界経済フォーラムと協力し、企業による LGBTI を包摂する（インクルーシブな）職場環境の実現を加速するためのイニシアティブを 2019 年に立ち上げた。また社内でも、「LGBT アライ（支援者）」プログラムを進めている。これは、世界中にいる性的マイノリティの社員が快適に仕事をし、能力を発揮できるように、LGBT への理解を促す活動である

◇ 行政サービスのユーザー像の変化 ◇

従来の社会保障のユーザー像

職業
会社員・公務員・
自営業（各専業）

性別
男・女

テンプレート
【標準世帯】
夫：会社員
妻：専業主婦
子ども2人

居住地
主たる
1か所

世帯構成
単身・夫婦のみ・
夫婦と子・
片親と子・
3世代

年齢
若年（〜14歳）・
生産年齢（15〜64歳）・
老年（65歳〜）

社会の実態に即していない「標準」

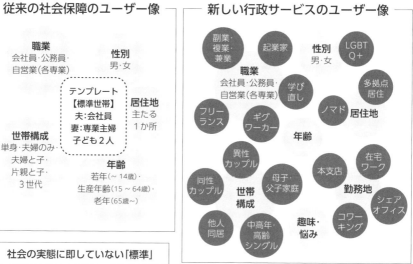

新しい行政サービスのユーザー像

副業・複業・兼業　起業家　性別 男・女　LGBT Q+

職業
会社員・公務員・
自営業（各専業）

学び直し　多拠点居住

フリーランス　ギグワーカー　ノマド　居住地

年齢

異性カップル　在宅ワーク

同性カップル　母子・父子家庭　本支店　勤務地　シェアオフィス

世帯構成

他人同居　中高年・高齢シングル　趣味・悩み　コワーキング

1人ひとりの実情をとらえた多様なサービスへ

しています。

　欧米では法的に同性婚を認める国も増えていますが、日本ではLGBTの人権擁護を謳う条例やアピール、同性パートナー証書を発行する自治体が少しずつ出てきた程度で、同性婚の法制化までは進んでいません。法的にあいまいな状態に留まる結果、様々な弊害に遭遇します。たとえば、各種の証明書や申請書などの公的書類の作成にあたっては、本人の意思におかまいなく当然のごとく性別記載を求められるのが一般的です。そのため、トランスジェンダーである事実が発覚することを恐れて、行政サービスの手続きをためらうケースは少なくありません。

　また、行政サイドからのアプローチが届かない可能性もあります。社会保障や各種の支援策は、身体的性別の分類しかない公的統計をベースに議論され、伝統的な家族観が色濃く残った世帯単位で実施されることが多いからです。統計に載らないという点では「見えない存在」でもあります。

　さらに言えば、SOSの声を発することすらできない生活保護一歩手前の困窮者、メンタルヘルスの問題を抱えながら悩みを打ち明けられずに孤立する若者たちは、福祉行政からは存在を捕捉されず、支援団体のアウトリーチも及ばないため、社会保障制度の対象からからこぼれ落ちざるを得ません。まさに是枝裕和監督の『万引き家族』で描かれた「インビジブル・ピープル」、セーフティネットが機能しない世界です。

　こうしたインビジブルな存在をいかに「見える化」し、行政サービスが届くようにできるかどうかが今後の課題と言えます。

Column　日本における貧困問題（文：滝沢　啓）

「2,000万人」――この数値が何を意味するか想像してください。日本において、家族の生活を支えられる最低限の収入水準を表す貧困ラインを下回る人々、つまり相対的に見て貧困層と位置付けられる人の数です。日本国民の15.6％、およそ6人に1人が該当し、経済協力開発機構（OECD）加盟国のなかでも日本はトップクラスにあります。日本国内で「貧困」のキーワードを耳にすると、つい発展途上国など日本とは縁遠い世界の話ととらえられがちですが、実のところ、私たちの社会における身近な問題として、毎日の生活に困窮している方々が数多く存在することが明らかになってきています。

◇ 相対的貧困率の国際比較 ◇

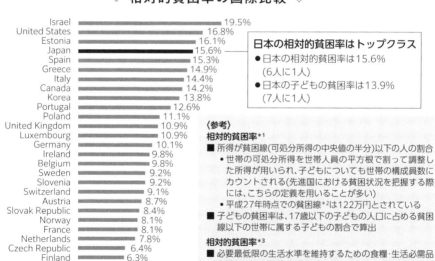

国名	相対的貧困率
Israel	19.5%
United States	16.8%
Estonia	16.1%
Japan	15.6%
Spain	15.3%
Greece	14.9%
Italy	14.4%
Canada	14.2%
Korea	13.8%
Portugal	12.6%
Poland	11.1%
United Kingdom	10.9%
Luxembourg	10.9%
Germany	10.1%
Ireland	9.8%
Belgium	9.8%
Sweden	9.2%
Slovenia	9.2%
Switzerland	9.1%
Austria	8.7%
Slovak Republic	8.4%
Norway	8.1%
France	8.1%
Netherlands	7.8%
Czech Republic	6.4%
Finland	6.3%
Denmark	5.5%

日本の相対的貧困率はトップクラス
- 日本の相対的貧困率は15.6％
　（6人に1人）
- 日本の子どもの貧困率は13.9％
　（7人に1人）

〈参考〉
相対的貧困率[1]
■ 所得が貧困線（可処分所得の中央値の半分）以下の人の割合
　・世帯の可処分所得を世帯人員の平方根で割って調整した所得が用いられ、子どもについても世帯の構成員数にカウントされる（先進国における貧困状況を把握する際には、こちらの定義を用いることが多い）
　・平成27年時点での貧困線[2]は122万円とされている
■ 子どもの貧困率は、17歳以下の子どもの人口に占める貧困線以下の世帯に属する子どもの割合で算出

相対的貧困率[3]
■ 必要最低限の生活水準を維持するための食糧・生活必需品を購入できる所得・消費水準に達していない人の割合（国ごとに定義が異なる）

（出典）OECD:Poverty rate(2015)
　　　日本の相対的貧困率については
　　　厚労省「国民生活基礎調査」2015年データより作成

＊1：厚生労働省「国民生活基礎調査　用語集」より
＊2：厚生労働省「平成28年国民生活基礎調査の概況」　熊本を除く
＊3：日本ユニセフ協会「『貧困』をはかる指標」より

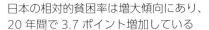

◇ 日本における相対的貧困率の推移 ◇

日本の相対的貧困率は増大傾向にあり、
20年間で3.7ポイント増加している

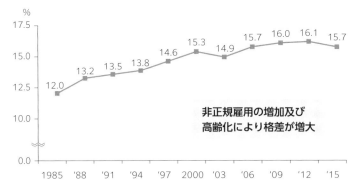

(出典)厚生労働省「平成30年国民生活基礎調査(平成28年)の結果からグラフでみる世帯の状況」より作成

　ただ「貧困」と一口に言っても、日本という先進国社会においては、その状況に至る経緯や事情は千差万別です。十分な稼ぎを得られず苦しい生活からなかなか脱却できずにいる非正規雇用労働者、育児や介護に追われ仕事はおろか求職の余裕もない女性やシングルマザー、貧困家庭に生まれ育ち十分な教育機会や将来の選択肢に恵まれない子ども、公的年金では生活がままならず生活保護に頼る高齢者など、画一的な支援ではとても賄えない、多様で複雑な要因が絡み合っているのが現状です。

　特に、今日では2,000万人を超え、雇用者総数の4割近くを占める非正規雇用は、日本の貧困問題の一因になっているとしばしば指摘されます。年々増大している非正規雇用率ですが、性別を問わず、非正規雇用の年収は正規雇用のおよそ4割に過ぎません。さらに、非正規雇用のうち200万円以下の収入しか得られていない層が、全体の7割強、1,570万人存在しています（総務省統計局「労働力統計2019年」より）。

　もちろん、このなかには、婚姻して正規職員の配偶者を持ちながら

◇ 非正規雇用と貧困 ◇

非正規雇用率の推移*1

男女とも非正規雇用の割合は年々増大

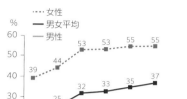

＊1：総務省統計局「労働力調査」長期時系列データより

雇用形態別平均年収（万円）（2017年）*2

男女問わず、非正規雇用の年収は正規雇用の約4割

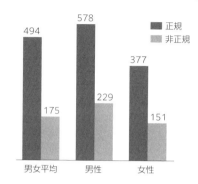

＊2：国税庁「平成29年分民間給与実態統計調査」より

◇ 不本意非正規雇用の実態 ◇

不本意非正規雇用の世代別割合（2017年）

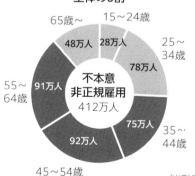

中高年の不本意非正規雇用の理由

専門スキル不足により、
非正規雇用から抜け出せない

就職氷河期・構造改革による非正規拡大等の社会的要因から非正規雇用に

↓

非正規雇用に長年従事したため、**専門的なスキル**を身に付けられていない（＝正規雇用になれない）

↑ ↓

「スキルアップ」をしようにも、今の日本では、**中高年向けの職業訓練の場は限定的**

（出典）日本総合研究所「中高年ワーキングプアの現状と課題」より作成
（資料）総務省統計局「労働力調査・詳細集計（各年）」
（注）不本意非正規雇用率＝「正規の職員・従業員の仕事がないから」を理由に挙げた非正規雇用労働者÷非正規雇用労働者総数

パートで生計を補うに留まる層も一定の割合を占めると見られ、1,570万人がそっくりそのまま貧困層に当たるとは言い切れないものの、「正社員として働ける職を見つけられない」など不本意ながら非正規で働かざるを得なかった人が相当数存在します。

　日本総合研究所が行った調査（「中高年ワーキングプアの現状と課題」2018年）によると、こうした不本意非正規雇用労働者は、少なくとも400万人以上＊存在するとされ、そのうち貧困に当たる層は250万人、つまり貧困率60％という恐るべき数字が明らかになっています。また、不本意非正規雇用労働者の大半を35歳以上の中高年層が占めているのも特徴の１つです。就職氷河期・雇用市場の構造改革などによる非正規拡大の端緒となった社会的要因から、やむを得ず非正規になってしまって以降、日々の生計立てに精一杯で、専門スキルの獲得や正規雇用化に至ることができず、非正規雇用から抜け出せない構造になってしまっていると考えられます。

＊総務省統計局「労働調査・詳細集計（2017年）」より、非正規職を選択した理由について「正
　規の職がない」を主なもしくは副次的な理由として回答した者の割合。政府は2020年までに
　不本意非正規雇用者（「正規の職がない」を主な理由として回答した者）比率を10％以下にす
　るという目標を掲げ、2019年時点で10.9％を記録。

　さらに、人工知能（AI）など昨今のデジタル技術の発展は、労働市場や人々の働き方にも大きな破壊と変革をもたらしつつあります。今でさえ生活に困窮する方々が、変化の激しい時代でも決して取り残されることなく、社会で活躍できるような仕組みが必要とされているのです。

　アクセンチュアでは、こうした問題意識を背景に、コーポレート・シチズンシップ活動の一環で、貧困層経済的自立支援のプログラムに取り組んでいます。このなかで、日本の貧困層・生活困窮者層を支援しようと、いくつかのNPO団体や行政と連携を進めています。この取組みについてもChapter4で紹介していきたいと思います。

驚異の世界規模パンデミック
〜新型コロナのインパクト

■新型コロナによって見直される社会保障行政

　2019年末に中国に端を発したとされる新型コロナによる全世界的な
パンデミックは、「ウィズコロナ／ポストコロナ」という、社会経済全
体のフェーズを切り替える呼び名を生み出したほど、あらゆる局面で大
きなインパクトをもたらしました。産業や仕事のあり方、私たちの生活
のあり方を激変させた新型コロナは、今後の社会保障行政のあり方につ
いても変容を迫り、根本から見直す局面に来ていると考えます。その大
きな影響を3つ、ご紹介しましょう。

■影響①　景気減退の長期化で社会保障の必要性が高まる

　まず、新型コロナは全世界の経済にかつてない巨大なインパクトを与
えました。驚異的な感染力により、人の接触・移動といった物理的な動
きに対して国境封鎖・都市ロックダウンなどの強烈な制約をかけざるを
得なくなったからです。この未曾有の事態は、過去の様々な経済危機と
比べても非常に大きな影響を、実体経済、株式市場、企業活動など様々
な側面でもたらしました。

　日本でもご多分に漏れず、多くの産業が打撃を受けており、失業率が
3%台まで悪化しています[*1]。加えて、今回特筆すべき事態として、政

府と自治体が事業者に対して休業・営業時間短縮要請を行ったことにより、半強制的に収入を得られない状態に陥った事業者が数多く発生しました。休業者数は、2020年7月時点で、同4月のピーク時から3分の1強まで低下した*2ものの、新型コロナ以前の水準に比べると高いままです。今後、新型コロナが完全に収束を迎えるまでに、継続的・断続的に同様の措置が必要と見込まれるため、休業から失業に移行する人や事業者が増加し、雇用状況がますます悪化していく可能性が高いと見込まれます。

*1：2020年8月時点の完全失業率は3.0%、完全失業者（原数値）は206万人で前年同月比49万人の増加。このうち39万人は勤め先や事業の都合による離職で同19万人増加。失業者の増加は7か月連続。近年は人手不足を背景に完全失業率2%台の低水準で推移していたが、3%台は2017年5月（3.1%）以来の高い水準。

*2：休業者数は、100万人台を推移してきたが、2020年4月時点で前年同月から420万人も多い597万人と過去最大に達した。同年7月の実数は220万人。

　過去の世界危機を振り返ってみると、さらに悪いシナリオが読み取れます。たとえばリーマンショック時は、危機発生後まもなく景気停滞が始まり、およそ半年後にはGDPが底を打ちました。ところが、失業率については1年にわたり上昇が続き、危機前の水準に回復するまでには4年もかかりました。つまり、雇用情勢へのインパクトは、今後長きにわたって社会に影を落とす可能性があります。国民の雇用と生活の安全・安心を守るべき社会保障行政にとっては、まさにこれからが正念場と言えるのです。

　今後の大きなトレンドとしては、新型コロナの影響で雇用環境は売り手市場から買い手市場へ転換すると予測されます。新型コロナによる経済的影響は、株価の観点では予想以上に早く回復を示してきたものの、実体経済への深刻なインパクトは長期化の様相を呈しています。今後数年にわたり、失業や休業補償の給付金の申請数やハローワークへ来訪する求職者数は右肩上がりになるでしょう。国と地方自治体が提供してきた社会保障を必要とする人が新型コロナ以前より増加し続ける状況に、

◇ **新型コロナがもたらした世界規模インパクト** ◇

新型コロナによる危機は、他危機と比べても大きなインパクトを与えている

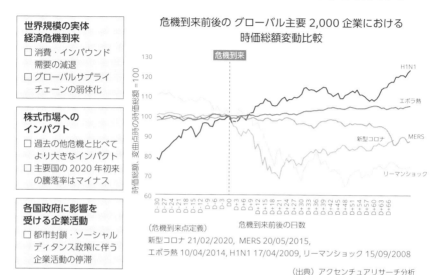

**世界規模の実体
経済危機到来**
□ 消費・インバウンド
　需要の減退
□ グローバルサプライ
　チェーンの弱体化

**株式市場への
インパクト**
□ 過去の他危機と比べて
　より大きなインパクト
□ 主要国の2020年初来
　の騰落率はマイナス

**各国政府に影響を
受ける企業活動**
□ 都市封鎖・ソーシャル
　ディスタンス政策に伴う
　企業活動の停滞

危機到来前後の グローバル主要2,000企業における
時価総額変動比較

危機到来

H1N1
エボラ熱
新型コロナ
MERS
リーマンショック

（危機到来点定義）
新型コロナ 21/02/2020, MERS 20/05/2015,
エボラ熱 10/04/2014, H1N1 17/04/2009, リーマンショック 15/09/2008

（出典）アクセンチュアリサーチ分析

社会保障行政は対応しなければなりません。

■影響②　高まるリソースシフトの重要性

　新型コロナの影響は、リーマンショック時と違い、産業によって大きく濃淡があるのが特色と言えます。人の物理的な行動に関わる航空産業や観光業、宿泊業、飲食業は大きく落ち込みました。一方で、テレワークや産業のデジタル化を推進するIT企業をはじめとして、過去最高益や過去最高株価を出している企業も存在しています。

　今後は、人材が不足する産業・企業と、余剰気味になる産業・企業とのコントラストがこれまで以上にはっきりしてくると見込まれます。このため、労働力の必要な産業や企業へ、人材を適切かつ円滑にシフトし

ていくことが社会的な課題になると考えます。

　また、新型コロナの教訓を踏まえ、多くの企業で多様な働き方やBCP（Business Continuity Plan：事業継続計画）を支える仕組みや環境の確立に向けて、デジタル技術やAI活用による業務の自動化や効率化が加速していくと予測されます。

　それに伴い、同じ企業のなかでも、簡易な定型作業はAIやシステムに任せ、"ヒト"はより付加価値の高い業務に注力していく動きも加速していくでしょう。デジタルでやるべきところはデジタルで、人がやるべきところは人が処理するという視点で、企業内のリソースをどのように最適配置させていくかが課題になります。

　こうした社会的な背景を踏まえると、社会保障、特に労働行政においては、今後、幅広い産業分野と人材の双方に対して、産業間・企業間を跨いだ形での雇用の需給状況の可視化であったり、採用者と求職者のマッチングやニーズの高い職種のためのリスキリング（reskilling：職業能力再教育）であったり、これまでより踏み込んだ形で労働の流動性やリソースシフトをサポートする役割も求められてくると考えています。

■影響③　求められるマルチチャネル化・ゼロタッチ化

　少し視点を変えると、今回の新型コロナによってもたらされた変化として、多くの国民・市民が、行政のサービス内容に対して着目し、さらには国同士や自治体同士を比較する行動が見られた点が挙げられます。台湾政府によるマスクの在庫データの一元管理と可視化や、韓国やアメリカなどにおけるスピーディーな給付金申請対応など、先進的な取組みを行う機関が注目され、お昼のワイドショーでも取り上げられる風景は、近年では初めてと言ってよいのではないでしょうか。仕事柄そういった情報に積極的にアクセスする我われのようなコンサルタントにとっても

◇　景気後退の失業率への影響　◇

リーマンショック時には、GDPの底打ち後、半年にわたって失業率が上昇を続け、その影響は約4年間続いた。新型コロナに起因した失業問題は今後本格化し、かつその影響は長期化する恐れもある

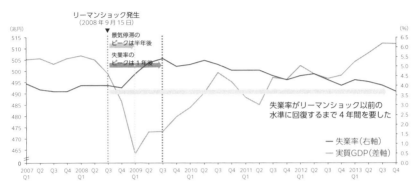

(出典) 内閣府「四半期別実質GDP速報」、総務省「労働力調査」より作成

新鮮で、興味深い事象として受け止めていました。

　東日本大震災のときも、日本政府の対応の善し悪しが問われましたが、国内だけに起きた事象でしたから、比較の対象があいまいでした。一方で、新型コロナの感染拡大は全世界でほぼ同時発生したために、ほかと比較しやすい土壌が生まれ、とりわけ、持続化給付金など、国民・市民の生活に直接的に影響を及ぼす社会保障サービスに対しては、高い注目が集まりました。

　その結果、何が起こるでしょうか。今後は「某国に比べ日本の行政サービスのオンライン化は遅れている」など、各国・地域の公共サービスが、先進事例との相対的視点で評価されることがスタンダードになっていく可能性が高いと言えます。つまり、国民が比較対象となるベンチマーク情報を得たことで、現在の行政サービスに対する期待値と要求、ある種のプレッシャーが今以上に高まっていくと想定されます。

　またそういった視点から、オンライン申請などの行政手続きのマルチ

チャネル化や、市民からのアクションに頼らず自動で情報を連携し確認するゼロタッチ化の必要性を、市民が"実感"として得たことも注目すべき点です。今回の事態で、日本の行政サービスのオンライン化・デジタル化の遅れが如実に表れ、スポットライトが当たる結果となりました。

　デジタル化は新型コロナ以前から強化すべき課題として政府主導で取り組んできており、今回新たに発生した課題というわけではありません。しかし、今まで長きにわたってなかなか実現できていなかった各種申請のオンライン化が、コロナ禍で必要に迫られて、一部実現できた（できてしまった）面もあります。菅政権発足後に、行政手続きから押印のプロセスを廃絶しようという動きがものすごいスピードで進んだのも、今回の事態と市民の要望と期待を背景としてあることは間違いないでしょう。市民にとっても、今までは「なんとなくあれば便利」という感覚だったサービスが、期せずしてその便利さやスピード感を実感し、「これが必要なことであり、もっと進めるべきだ」というマインドチェンジにつながっています。つまり、新たな変化が求められているというより、これまでも改善や強化が必要だと言われてきたものに対して、新型コロナからの様々な影響によって、非常に困難な状況下におかれた市民からの期待値と必然性が高まったわけです。

　こうした期待値の高まりに加えて、前述の先進機関との比較も含めて厳しい目にさらされていくなかで、国と自治体はスピード感をもって、ダイナミックに社会保障の提供形態を変化させ、高度化していくことが求められるようになるでしょう。

電子政府ランキング（文：滝沢　啓）

　国際連合経済社会局（UNDESA：United Nations Department of Economic and Social Affairs）が2年ごとに発表する「世界電子政府ランキング」については、ご存知の方も多いでしょう。すべての国連加盟国に対して、政府が提供する情報やオンラインサービスにより市民が便益を得られているかに着目し、通信インフラの適切性、ICTを推進する人材能力、オンラインサービスの観点から総合的に評価し、電子政府発展度指標（EGDI：E-Government Development Index）」を算出して、ランキング形式で公表しています。

　2020年7月に最新のランキングが公開されました。2018年にトップに躍り出たデンマークが今回も最高評価を得ています。デンマークには電子化庁があり、2020年3月に「デンマーク国立デジタル化アカデミー」を開講して、公務員のデジタルスキル向上を支援し、サービス向上、業務の効率化を促進する取組みが進められています。2018年に16位だったエストニアは2020年に3位に急浮上。韓国はこの10年間、3位以内をキープしています。

　日本は2014年に6位まで上昇しましたが、その後は10位前後に低迷。2020年には14位とさらに後退する結果となっています。ただし、前回調査よりもEGDIのポイントは微増し、全体のなかでは最高位の「トップパフォーマー」グループに名を連ねていますので、決してデジタル後進国という評価をされているわけではありません。今回の調査では日本のオンラインサービスのポイントが前回より下がった一方で、日本より上位と評価された国では軒並み上昇したために相対的に順位を落とす形となっています。日本のデジタル・ガバメント実行計画や政府オンライ

ンポータル（e-gov.go.jp）、オープンデータ（data.go.jp）などの取組みが評価されていますが、前述のように新型コロナ対応をめぐるオンラインサービスの実態を省みると改善の余地があると評価されているのかもしれません。この現状を、菅政権肝いりのデジタル庁が打開できるのかがますます注目されそうです。

◇ 国連電子政府ランキングの上位20か国の変遷 ◇

順位	2010年	2012年	2014年		2016年	
1	韓国	韓国	韓国	0.9462	英国	0.9193
2	米国	オランダ	オーストラリア	0.9103	オーストラリア	0.9143
3	カナダ	英国	シンガポール	0.9076	韓国	0.8915
4	英国	デンマーク	フランス	0.8938	シンガポール	0.8828
5	オランダ	米国	オランダ	0.8897	フィンランド	0.8817
6	ノルウェー	フランス	日本	0.8874	スウェーデン	0.8704
7	デンマーク	スウェーデン	米国	0.8748	オランダ	0.8659
8	オーストラリア	ノルウェー	英国	0.8695	ニュージーランド	0.8653
9	スペイン	フィンランド	ニュージーランド	0.8694	デンマーク	0.8510
10	フランス	シンガポール	フィンランド	0.8449	フランス	0.8456
11	シンガポール	カナダ	カナダ	0.8418	日本	0.8440
12	スウェーデン	オーストラリア	スペイン	0.8410	米国	0.8420
13	バーレーン	ニュージーランド	ノルウェー	0.8357	エストニア	0.8334
14	ニュージーランド	リヒテンシュタイン	スウェーデン	0.8225	カナダ	0.8285
15	ドイツ	スイス	エストニア	0.8180	ドイツ	0.8210
16	ベルギー	イスラエル	デンマーク	0.8162	オーストリア	0.8208
17	日本	ドイツ	イスラエル	0.8162	スペイン	0.8135
18	スイス	日本	バーレーン	0.8089	ノルウェー	0.8117
19	フィンランド	ルクセンブルク	アイスランド	0.7970	ベルギー	0.7874
20	エストニア	エストニア	オーストリア	0.7912	イスラエル	0.7806

順位	2018年			2020年		
1	デンマーク	0.9150	↑8	デンマーク	0.9758	—
2	オーストラリア	0.9053	—	韓国	0.9560	↑1
3	韓国	0.9010		エストニア	0.9473	↑13
4	英国	0.8999	↓3	フィンランド	0.9452	↑2
5	スウェーデン	0.8882	↑1	オーストラリア	0.9432	↓3
6	フィンランド	0.8815	↓1	スウェーデン	0.9365	↓1
7	シンガポール	0.8812	↓3	英国	0.9358	↓3
8	ニュージーランド	0.8806	—	ニュージーランド	0.9339	—
9	フランス	0.8790	↑1	米国	0.9297	↑2
10	日本	0.8783	↑1	オランダ	0.9228	↓3
11	米国	0.8769	↑1	シンガポール	0.9150	↓4
12	ドイツ	0.8765	↑3	アイスランド	0.9101	↑7
13	オランダ	0.8757	↓6	ノルウェー	0.9064	↑1
14	ノルウェー	0.8557	↑4	日本	0.8989	↓4
15	スイス	0.8520	↑13	オーストリア	0.8914	↑5
16	エストニア	0.8486	↓3	スイス	0.8907	↓1
17	スペイン	0.8415	—	スペイン	0.8801	—
18	ルクセンブルク	0.8334	↑7	キプロス	0.8731	↑18
19	アイスランド	0.8316	↑8	フランス	0.8718	↓10
20	オーストリア	0.8301	↓4	リトアニア	0.8665	↑20

（出典）UNDESA の資料より作成（2014〜2020年の国名の横はスコア〔EGDI：e-government development index〕。2018年と2020年は前回との順位変動も記載）

今後訪れる危機に今どう対応するか

■ 社会保障「制度」への影響

　これまで見てきた人口動態、社会環境の変化が社会保障制度の根幹を揺るがし、制度設計をめぐって様々な政策論議がなされている経緯については周知のことと思います。

　年金については、世代間負担の不公平感や財源の不安感に端を発して現役世代を中心として制度自体への信頼が揺らいでいます。また、画一的な標準世帯の概念が社会の実態を表さずに、1人ひとりが多種多様な人生100年を送ることを前提とした場合、個々人の人生設計のなかで年金がどういう役割を果たすのか、その意義も大きく変わることが求められるでしょう。

　雇用・労働の領域においては、人口が急減するなかで労働力をいかに確保するかと同時に、多様化する働き方に対応してより複雑化する労働需給のマッチングへどう対応するかが求められています。また、刻々と変化を続ける社会に合わせ、自らのキャリアやスキルをリフレッシュし続けることも求められるでしょう。さらに、単に職を求める人に対応するのみならず、変化に対応し続けるという不安定な状況の下でも、生活保護へ陥ることを防ぎ、生活困窮からの自立をサポートするための新たなセーフティネットとしての役割が期待されています。

　昨今の新型コロナ禍においては、行政機関による対応の質とスピードの違いが、他国との比較や他の自治体との比較という形で市民の眼前に

わかりやすく提示されました。こうした課題への取組みに対する市民の目線は、より厳しくなったと言えるでしょう。

■ 社会保障「行政」の限界

　社会環境や人口動態の変化、新型コロナのインパクトは、日本の方向性を根本から問うような政策課題を生み出しているのに加え、社会保障行政を実行する仕組み、すなわち、社会保障を市民の隅々まで届けるための仕組みにも限界が来ていることを白日の下にさらしました。つまり、現状の社会問題や今後発生するであろう課題に対応するためにいくら新たな制度を設計したとしても、それを本当に必要とする人すべてに届けられなくなりつつあるという厳しい現実が突きつけられています。

　日本の社会保障は旧来、いわゆる「役所」が中心となって様々な給付やサービスを企画、開発して市民に届けてきましたが、役所と市民が必ずしもダイレクトに結びついていたわけではありません。行政サービスの末端には、支援を必要とする人を支え、必要な情報を届ける家族や親せき、またこれに近い距離感で生活するご近所の存在がありました。「役所」の支援からこぼれ落ちる人を支える役割もこうしたコミュニティが担ってきました。また、企業においても、かつての護送船団方式で従業員の終身雇用を保証するだけでなく、給与天引きや企業年金といった形で税金や社会保険料の徴収、各種支援金の給付といった社会保障に関する「役所」の事務を手伝い、代替し、機能してきたのです。

　つまり、社会保障行政は国と自治体という「役所」の旗振りのもと、家族、地域コミュニティ、企業といった担い手（広義の社会保障行政組織と言ってもよいでしょう）によって運営されてきたわけです。

　ところが核家族化の進展や人口の都市部への流入に伴う地方におけるコミュニティの断片化によって、世代間の物理的距離が離れ、従来型の支援の授受は間接化もしくは分断されることになりました。また、自分

の生活スタイルの少し先の未来を見せてくれていた身近なモデルに触れる機会が減ることで、日本の社会保障制度に対する理解が希薄化する要因ともなりました。

　企業においても、グローバル競争にさらされるなかで終身雇用制度は過去のものになり、厚生年金基金は従来の確定給付型の財政運営が破綻したため、国に代わって運営していた厚生年金の報酬比例部分の給付事務も国に返しています。引き続き給与天引きを中心とした徴収業務は担っていますが、事務処理にかかる負担コストの割高感が増していることは否めません。

　こうした広義の社会保障行政組織が弱体化するのに追い打ちをかけるように、「標準世帯」が無意味化し、誰をいつどのように支えるべきなのかという社会保障に求められることは急速に多様化しています。個々の市民の価値観やライフスタイルの選択肢が多様化し、人生100年のなかで一個人の選択も変化していく加速度的な多様化の状況に適応しなければなりません。標準世帯や終身雇用というかつてのメジャーがマイナーに転落したからといって、別のメジャーが台頭しているわけではありません。たとえ、次のメジャーとなる人生モデルを探り出し、ステレオタイプの型にはめ込んで制度設計の中心に据えたとしても、遅かれ早かれ硬直化し、新しいマイナーを例外として排除する結果を招くだけでしょう。マイナーはマイナーなまま、それぞれの個性と受け止めて対応する、それがダイバーシティの思想です。多様化・細分化して「粒度」（27ページ下図参照）が小さくなった個々人の生き方に合わせて、行政サイドも粒の細かいサービスを提供していく姿勢が求められています。

「標準世帯」が存在した時代であれば、「標準世帯」向けに作られたメニューのなかから必要な給付や支援サービスを選んでもらい、申請されてくるのを待っていれば、行政は必要な人に必要な社会保障を届けることができました。この枠組みが存在しない現在、市民に必要なサービスのパターンを「役所」だけで考えて提供することは不可能です。

また、市民の側も自分に必要なサービスについて申請するどころか、自分に何が必要なのか、どのようなサービスが存在するのかを探しあてる段階で情報不足でわからない、あるいは情報が複雑過多で理解・解釈できない、という状況に陥っています。こうした百人百様の個が強くなっていく変化の影響を、「申請主義」の制度運用の下で、「きちんと手続きできなければ、支援を受ける権利がない、またはペナルティを受ける」と個々人の自己責任に帰してしまうことは、誰もが望む姿ではないと考えます。

　行政サイドに目を向けると、このように従来から逼迫した状況に加えて、新型コロナなどの追加的対応を既存の定員の範囲内で進めることが求められています。

　本来なら、今回の新型コロナへの対応で求められたような、課題の発生から結果を市民に届けるまでの迅速な対応が、今後の行政のニューノーマルとして考えられるべきでしょう。ところが実際には、社会保障行政と市民との距離感は広がってしまっていると言わざるを得ません。社会構造の変化によってかつてインストールされていた行政サービスを届ける「デリバリー」の機能が弱体化するなかで、逆に必要なサービスのパターン、求められるスピード感は増しているうえに、役所の人員・予算削減という別角度での追い打ちもかかり、現状の運営方式はとうに限界を超えています。

　政策立案の主導者としての従来の「役所」の役割の重要性は変わりませんが、近い将来に必ず訪れる（多くはすでに顕在化している）危機に対応するためには、社会保障の「デリバリーモデル」の変革が急務と考えます。

　本書では、冒頭に見た各種課題に対する政策議論についてはほかに譲り、こうした議論から導出される各種施策を市民に届けるための新しいデリバリーモデルがどうあるべきで、これに向かってどのように変革していくべきかに焦点を当てて論じていきたいと思います。

Chapter 2

これからの社会保障が
目指すべき姿

Chapter1では、日本の人口動態や社会環境の変化とこれによって日本の社会保障行政が直面している課題、特に各種施策を必要な市民に届けるデリバリーモデルの限界について述べました。本Chapterでは、こうした課題を克服するための新しい社会保障行政のデリバリーモデルのあり方を考えます。

ポイントは「人を中心」に据えた "Human Services" の思想、データとテクノロジー、そして様々なプレーヤーとのコラボレーションが実現する新しい「自助・共助・公助」のプラットホームです。

Human Services としての
社会保障

■ 発想の起点としての "人間中心 (Human-Centric)"

　新しい社会保障行政モデルのあり方を考え始めるにあたって、まず、社会保障という仕組みが市民に対してどうあるべきかについて改めて考えてみたいと思います。

　社会保障行政のあるべき姿という問いかけに、社会保障行政に携わっている行政職員や関連部門の方々なら、さんざん議論を尽くしていると答えるかもしれません。制度の内容がスピードの速い現実の変化に追いついておらず、多様なニーズに合っていない現実も重々承知しているでしょう。すでに様々な改革案が出され、少しずつ実行されているのも確かです。

　Chapter1 でもお伝えしましたが、私たちが本書で取り上げたい「あるべき姿」は、社会保障の制度設計そのものではなく、制度運用の仕組みに関わる部分です。いくら制度の内容が理想に近づいても、支援を必要とする市民に届かなければ砂上の楼閣であり、これまで度重なる制度改革が行われながら、満足な結果が得られていないのは、多分に運用の問題が大きいと考えるからです。

■「社会保障＝ Social Security」の再構築

　そもそも「社会保障＝ Social Security」は、経済を支える労働者が病

気やケガ、失業、老化のために収入を絶たれ、貧困に陥ることを防ぐために19世紀末に始まりました。社会秩序の安定や経済停滞の回復が目的です。その後、個人の力では対応できない生活上のリスクを社会全体で支えるセーフティネットとしての機能が強まってきます。保障の範囲も、出産から、子育て、教育まで広がり、生活の様々なシーンをカバーするようになってきました。新しい領域が増えるたびに、専門家の意見を取り入れながら、充実したメニューを作り上げてきたわけです。

　こうして時代の要請に応える過程で行政の各領域は別々に専門特化し、組織構造を体系化することで行政運営の最大限の効率化を図ってきたところですが、一方で細分化が進んだ結果、かえって受け手である市民との間には溝ができている面もあります。いわゆる窓口での"たらい回し"はその典型です。「よい製品を作れば売れる」と信じて緻密で精巧な製品づくりに邁進した末に、日本製品がガラパゴス化したのと同じ状況に陥っているおそれがあるわけです。

　時代とともに制度設計が変わっても、制度を回す仕組みは変わっていません。名は体を表すと言われるように、「社会保障＝Social Security」という言葉には、「助けを求めて来たら、社会的な仕組み（Social）によって、危険から守る（Security）」という意味合いがあります。現在の社会保障の現場で奮闘されている個々の職員のみなさんが、そういった上から目線の意識で日々の業務をされているとは考えにくいのですが、制度や運営の枠組みがこうした発想のもとに作られていることは否めません。

　実際、行政の手続きを一度でも経験した利用者であれば、多かれ少なかれ、「我われは必要な枠組みを作り、窓口を用意している。利用したい人から申請を受ければ、設定条件に合うかどうかを審査し、制度を適用する」という役所の意識を感じ取り、提供側を中心に動く仕組みに合わせることを強いられていると感じるでしょう。制度の運用に生じている目詰まりは、こうした行政の目線と市民の目線との間のズレから生じ

ているのではないでしょうか。

　この関係性のリセットに社会保障行政の見直しの鍵があると考えます。

■「人間中心」へのアップデート

　現在、社会保障に求められているのは、何か問題が起きたときのセーフティネットとしての機能に留まりません。誰もが自分らしい暮らしや人生を安心・安全な環境で送れるようにサポートすることです。そのために、教育、雇用・労働、育児、医療・介護、年金など、多岐にわたる施策を提供することに変化してきています。

　行政の窓口はバラバラで関係部署のなかだけで完結していますが、どの領域も1人の市民が長い人生において密接に関わっていくものです。ヒトとして生まれ、教育を受け、仕事をしながら子育てをし、失業して学び直し、病気に悩み、定年後に再就職し、介護の世話になり……。いつ、どの領域に接するかは、1人ひとりの学び方、働き方、生き方、価値観に左右されます。

　つまり、受け身の姿勢で市民を窓口で待つのではなく、個々の市民の数だけある現在の生活あるいは将来のために必要なサポートを把握し、ライフサイクルを通じて継続して届ける前向きな役割が求められているのです。しかしながら、市民が置かれた状況を常に考え、多種多様な社会保障サービスを適切なタイミングで漏れなく届ける体制を持つ、「総合的なサービス企画」に類する組織はどこにも存在しません。

　社会保障には「Human Services」という概念もあります。これは従来の社会保障に関わるすべての領域を、人が生きていくために必要なサービスととらえ直す考え方です。サービスを利用する市民が、いつ、どんな理由で何を求めているかを深く理解し、各領域の担い手が相互に

◇ Human Services としての社会保障 ◇

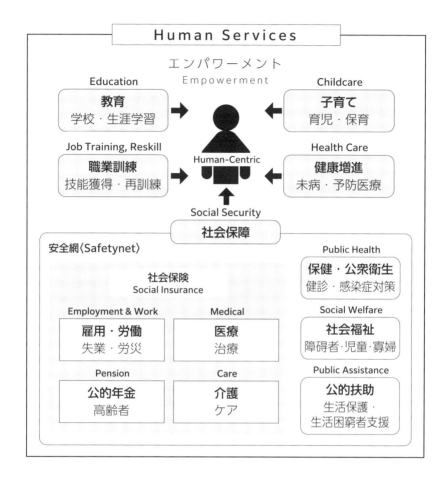

連携し、補完し合いながら、必要なサービスを必要なタイミングで包括的に提供することを目指すものです。

　新しい社会保障行政のデリバリーモデルの再構築を考えるにあたっては、「Human Services」の概念にも見られるように、発想の出発点を、提供する側（行政）中心から、受け取る側（市民）中心に切り替えるこ

とがまず必要だと考えます。こうした発想に注目する理由は、大きく3つあります。

①市民1人ひとりにとって必要なサービスを考えることができる
②受け手の生活の安定や向上といった本当の価値が生まれる姿からさかのぼって、必要なサービスとその提供方法、組織や体制を考えることができる
③その結果、価値創出に最短距離でアプローチできる仕組みを生み出すことができる

　必要なときに必要なものが手元に届く「ジャストインタイム」の取組みは、社会保障においても重要性が増し、対応のスピード感への期待値も高まっています。この点から「人間中心」の発想がより有効となると考えます。顔の見える生活者としての1人ひとりの市民の人生に寄り添い、必要なHuman Servicesを届けることで見通せなかった将来を照らし出し、次の一歩を踏み出す選択を支える効果を持つからです。社会保障が、いざというときのセーフティネットに留まらず、いつでもエンパワーメントをもたらす存在であると、改めて認識したいと思います。

　とはいえ、新たな社会保障としてのHuman Servicesを実行するには、組織的にも人員的にも限界に直面しています。社会保障行政の姿がどのように変わっていけばChapter1で指摘した行き詰まりを解消し、かつ、市民に寄り添った社会保障を提供できるのでしょうか。
　ポイントは3点あります。1つ目は、デリバリーモデルをエコシステム型に再編成すること。2つ目は、同時に行政機関の役割を再定義すること。具体的には、行政機関が自らエコシステムを形作り、この場の活性を最大化することをミッションとするプラットフォーマーとして自らを位置付けることです。そして、3つ目として、エコシステムの中心と

なる市民においても、社会保障に対する意識や関わり方を変えていくことです。

　エコシステムの詳細は後述しますが、簡単に説明しておきましょう。

　もともと英語の「ecosystem」は「生態系」と訳される生物学の用語です。ある閉じた環境のなかで、大気や水や土壌といった自然的要素と影響し合いながら、多様な生物が食物連鎖や競争、共生などの相互関係を通じて、生命活動や物質循環がバランスよく調和している状態を意味します。

　これをビジネスの分野に置き換えたのが、カタカナの「エコシステム」で、「ビジネス生態系」とも言われます。いわゆる「Appleエコシステム」もその1つ。アップル社のiPhoneは単なるモバイル端末ではありません。スマートフォンという製品を土台に、ハードのメーカー、ソフトのベンダー、通信事業者、ゲームやアプリの開発者、販売者など、多様なプレーヤーが集まり、協働しつつ連携しながら新たな市場を作り、利益をシェアする共創型コミュニティです。さらには消費者や社会を巻き込み、業界の枠組み、産業の垣根を越えたイノベーションを起こしています。この強力で広範なエコシステムの中枢にいるのがAppleです。

　社会保障の世界にもこうしたエコシステム型のパートナーシップを形成し、高度化や変革につなげる必要があると考えます。これらについて次からもう少し詳しく見ていくことにします。

エコシステム型のデリバリーモデル

■多様なプレーヤーをデータとテクノロジーでつなげる

　Chapter1でも見てきたように、日本の社会保障は旧来、国や自治体といった公的機関、いわゆる「役所」が中心となって様々な給付やサービスを企画、開発して市民に届けてきました。国が定める大枠のなかで地方と国とで役割分担しながら制度の設計、運営を切り盛りしてきたわけです。そこには標準世帯を中心とした網羅すべき市民像のパターンが一律に設定され、これに応えるための機能分化を何とか行政機構のピラミッドの範疇に収めて運営してきました。また、家族内や地域には支援を必要とする人を支えてくれるコミュニティが存在し、役所の守備範囲の外側に位置付けられていました。

　従来、社会保障行政の足元を支えていた家族やコミュニティの姿は様変わりして本来の機能を失い、現在は社会保障が対象とすべき市民の生活も定型パターンで網羅するやり方では不可能な次元に至っています。そして、役所も予算と定員が削減されるなか、国を頂点として、地方、コミュニティ、家族と、垂直的・集権的に役所が先頭に立って社会保障を供給していくモデルは限界を迎えているわけです。

　一方で、この状況を打開する要素も日本の社会は多分に有しているでしょう。社会において困難に直面する人をサポートする様々な非営利組織は年々増加しており、サステナビリティに対する意識の高まりは、企

◇ 社会保障行政のデリバリーモデル ◇

	垂直統合	中央集権	パターン対応
	役所のなかでの縦割り分業 「たらい回し」の温床にも	行政にすべての決定権 上意下達の絶対指揮系統	画一的に「標準」を定義 マニュアル通りの定型運用
従来型			

社会保障費＝コストを管理していく

	水平ネットワーク	分散型	全体包摂
	多様なプレーヤーとの パートナーシップ 官・民が対等に コラボレーション	ゴールは共有し 手法には裁量を 得意を活かして 成果につなげる	すべてのニーズに しっかり寄り添う 「誰一人取り残さない」
目指すべき エコシステム 型			

人を中心に支え、付加価値を提供していく

業においても社会課題を解決するための市民としての行動に対するインセンティブを生んでいます。市民個人のボランティア意識は着実に高まり、役所のパートナーとなって社会保障を供給できる原資は十分に生み出されているようです。

　また、行政にはこれまで蓄積した膨大なデータがあります。たとえば、年金においては、日本で生活する全市民の40年にも及ぶ生涯キャリアのデータを保有しています。ビジネスの世界で、どんなに優秀な新規参入者であっても持ちえない競争上の優位性は、既存企業が長年にわたって蓄積してきた業界や業務固有のデータです。社会保障行政においても、行政が保有するデータには行政のビジネスモデルを転換し、市民への提供価値を高めるための知見を生み出す力があるはずです。

　実のところ、行政はユーザーをすでに把握しています。マイナンバー

あるいは住民基本台帳、これまでの行政との手続きを通じて、基本的に顧客が誰でどんな属性を持っているのかを詳しく知っており、本Chapterの冒頭で述べた人間中心のモデルに転換するスタートラインにいつでも立てる素地はあるのです。

したがって、新しいデリバリーモデルを作るうえで、すでに存在している潜在的な価値創出の機会解放がドライバーになります。アクセンチュアが考える「潜在的価値創出の機会を解放するための鍵」は、次の4つです。

① エコシステム型パートナーシップ
② データ主導
③ テクノロジー駆動
④ 共感・共創・共有の市民コラボレーション

この4つの鍵によって開かれる「エコシステム型のデリバリーモデル」が、社会保障行政の目指すべきデリバリーモデルだと考えます。

■鍵①　エコシステム型パートナーシップ

前述したように、行政以外にも多くの団体、企業、個人がすでに社会保障の一翼を新しい形で担ってくれています。しかし、これらのパートナーと行政、あるいはパートナー同士は、それぞれがどのような人を対象にどのようなサービスを提供しているのかを把握していません。誰もその全体像は見えていないのが現状です。

個々の市民が持っている課題が多様化、変化するなかで孤立しないように社会全体で包摂的にカバーするためには、行政、団体、企業、個人がそれぞれの強みを生かして活動しつつも、相互にヨコ連携する仕組みが必須です。各プレーヤーが持つ知識、経験、技術、情報、資金を互い

に活用し合うことが、関係するネットワーク全体の創出価値向上につながります。従来の垂直的、中央集権的なモデルから、「エコシステム型パートナーシップ」のモデルに転換することが、第1の鍵です。

　行政とパートナーシップを結ぶプレーヤーには、社会課題の解決を目指して活動するNPOから、昨今高まるSDGs＊達成に関心の強い企業などの団体、従来から地域に深く根差して活動されている民生委員の方や社会起業家といった個人、技術力で課題を解決するテクノロジー企業に至るまで多種多様です。単にヨコのネットワークを強めることで見落としや抜け漏れのない社会保障を届けるだけではなく、各プレーヤーが持つ知識、経験、技術、情報、資金を互いに活用し合うことで、より広範の活動が可能になったり、コラボレーションによって新しいアイディアが生み出されたり、ネットワーク全体の創出価値を高めることにつながります。

＊Sustainable Development Goals：持続可能な開発目標。2015年9月の国連サミットで採択された「持続可能な開発のための2030アジェンダ」にて記載され、2030年までに持続可能でよりよい世界を目指す国際目標を指す。

■鍵②　新しいデリバリーモデルはデータ主導

　社会保障の分野で、エコシステム型パートナーシップのネットワークをつなぐ役割を果たすのが、行政に蓄積されている企業や市民に関わる膨大なデータです。エコシステムのパートナー間には上意下達の指揮命令系統はありません。相互に連携しつつも基本的に各々が主体的に活動します。助けを必要とする人がどこで何を求めているのか、これまでどんなサポートを受けてきたのか、逆にどんな手助けのできる人がどこにいるのか……。個々のデータがバラバラに分散したままでは、連携は生まれません。データを1か所にインプットし、どこからでも誰でもアクセスできる情報の結節点があれば、コミュニケーションが生まれ、互いに結び付くことが可能です。したがってデータの蓄積と共有、開示がエ

◇ テクノロジーに対する意識調査 ◇

83%
テクノロジーと
経営の戦略が融合する
─────────────

83%の企業幹部が、ビジネスとテクノ
ロジーの戦略は全く切り離せない関係
にあると回答

89%
テクノロジーが
企業競争力を決める
─────────────

89%の企業幹部が、組織のビジネス価
値を生む能力は、今後ますますテクノ
ロジーアーキテクチャーの機会と制約
に左右されると回答

(出典) Accenture Technology Vision 2021 research（対象は日本を含む全世界 6,000 人以 上の企業や組織
の上級役職者及び IT 担当役員)

> 日本を含む全世界 6,000 人以上の企業や組織の上級役職者及び IT 担当役員を対
> 象にヒアリングを実施。テクノロジーとビジネスの戦略は切っても切り離せず、
> 今後ますますテクノロジーが企業競争力の鍵になると大半の企業幹部は認識して
> いる

コシステムを有機的に機能させる基礎になります。

　変革に必要なイノベーションをもたらすのもデータです。個々人の価値観や人生の過ごし方、社会保障に求める役割が多様化、複雑化し、もはやすべてを捕捉することは不可能に思われます。しかし、すべての人が１つのデータベースを共有し、それぞれの角度で分析、活用すれば、新しいデータの見方や新しいサービスを生み出せます。また、アナリティクス（高度なデータ分析）やAIといった先端のデジタル技術の掛け合わせも解決策を提示してくれます。こうしたデジタル技術を介したデータから得られた知見は、個々の市民の状況に適したサービスのレコメンド、提供側と受け手側との精度の高いマッチングを可能にするでしょう。さらに、エコシステム全体の状況を可視化し、同時に将来必要となるものが何か需要を予測し、変化する社会への適応に備えられるようになります。

ビジネスの世界で競争優位を保つ秘訣は、長年蓄積してきた業界固有の詳細なデータの理解です。それが製品やサービスの改善につながり、より多くの顧客を集め、既存顧客との関係性も深まります。ひいては新しい製品やサービスの需要を予測し、マーケットを形成できるという好循環を生むからです。役所も、ある意味では"業界固有"の詳細なデータの宝庫と言えます。この優位さを、他を排除する参入障壁としてではなく、新規参入を呼び込むために活用する戦略が、社会保障行政のデリバリーモデルのアップデートには不可欠です。新しいデリバリーモデルでは、進むべき道は常にデータによって切り開く、これが第2の鍵です。

■鍵③　エコシステムに不可欠なテクノロジー駆動

　少子高齢化に伴う労働力不足に対しては、テクノロジーによる代替あるいはテクノロジーとの協働を通じた生産性向上により補う取組みが有効です。同じ道筋を、社会保障行政のデリバリーモデルでも描くことができます。行政とパートナーのシームレスな連携、受益者との定常的なコミュニケーション、データ活用を可能にするのはテクノロジーの力です。ソーシャルネットワークサービス、モバイル通信、アナリティクス、クラウドなどの技術は世の中に深く浸透し、また、AIや仮想現実といった要素も人間や社会をサポートする先端技術として急速に広まっています。

　従来のITシステムは既存の業務を出発点に自動化、効率化を図るための対策でした。そのため、紙ベースのアナログ情報を電子データに変換する「デジタイゼーション（Digitization）」か、デジタル化された情報を組織や業務のICT化に活用する「デジタライゼーション（Digitalization）」に留まっていました。

　しかし、最新のデジタル技術を活かせば、圧倒的なコンピュータ資源を用いた膨大なデータの取り扱いが可能になり、これまでと全く異なる

ビジネスモデルの事業を生み出せるようになります。企業や組織の経営の自由度も飛躍的に高まるでしょう。

　テクノロジーの役割を突き詰めると、与えられたミッションを実現するための組織のあり方を未来に向かって方向転換する覚悟を迫るものであり、「デジタルトランスフォーメーション」という言葉が示す通り「変革」を起こすためのドライバーととらえるべきです。

　政府のデジタル・ガバメント推進方針においても、「デジタル・ファースト、ワンストップ、ワンスオンリー」が謳われています。こうしたビジョンに沿った仕組みを作るには、テクノロジーの存在を前提に、仕事のやり方、提供すべき価値をゼロベースで考え直す姿勢が求められます。

　社会保障行政のデリバリーモデルを考えるうえでも、テクノロジーこそが変革の最大の触媒であり、テクノロジーをエコシステムのパートナーの"一員"として組み込まなければ、持続可能なモデルにはなり得ません。これが第3の鍵です。

■鍵④　共感・共創・共有の市民コラボレーション

　新しいデリバリーモデルを考えるにあたって、多様化した個々の市民のニーズに応え、かつスピーディーに実現するためには、提供する側（行政）中心の発想から、受け取る側（市民）中心に切り替えることが出発点になると述べました。

　人間中心の発想でデリバリーモデルを考えることには、2つの意味があります。受益者である市民の体験に基づいて社会保障行政の仕組みをデザインし直すことと、常に顧客を理解し、今後発生する受益者の反応や体験に対する志向の変化を絶え間なく把握し続ける（望ましくは変化の一手先を予測する）ことです。

1つ目の受益者体験に基づいたデザインとは、最終的にサービスが受益者の手元に届く姿を先に描き、そこからさかのぼってサービスを届ける過程やサービスそのものを開発することを意味します。これまでの必要な枠組みを作り、窓口を用意し、申請を受けて審査・適用するという提供側の発想はいったん捨てましょう。どんな人がどのような困りごとで躓いているのか、必要な支援に辿り着けていないのはなぜなのか、どのような支援がこの人の人生体験を向上させるのかに思いを馳せ、あくまでも受益者を起点にゼロベースで社会保障の支援のあり方を考える必要があります。

　こうしたユーザーの体験への共感からサービスを作り上げる「サービスデザイン」の手法は、近年行政の現場でも取り入れられるようになってきました。サービスデザインは、商品やサービスに顧客が真に求めるものを提供するという意味での質的な向上をもたらすだけではありません。未来のあるべき姿から現在できる解決策を組み立てる「バックキャスト思考」と考え方が近いため、顧客に必要な価値というゴールまでの最短距離を発見しやすくなり、サービス提供の迅速化にも寄与します。特に社会保障においては、必要な支援が必要なタイミングでタイムリーに届くことが受益者にとって非常に重要な（ときには死活問題となる）ケースが多く、このアプローチの採用は極めて有効です。

　2番目の「顧客を継続的に把握すること」には、大きなトレンドの節目を追いかけることと、市民1人ひとりとライフサイクルを通じて常に関係を持ち続けることという2つの側面があります。

　大きなトレンドの追跡は、受益者の求めるニーズの変化や社会構造の変化に応じて、社会保障が提供する中身と提供方法も追随させていくために必要です。AIやアナリティクスといった最新のテクノロジーは膨大なデータから現状を可視化して変化の動向をとらえやすくしたり、トレンドから将来を予測して先んじて次の一手を打つことを可能にしたりしてくれます。一度形を作ったら終わりという従来の行政中心の考え方

では、いずれ陳腐化し、また機能不全に陥ることは不可避です。テクノロジーの力を活用しながら、常に変化をし続けられる組織にならなければなりません。

「生涯にわたって市民と関係し続ける」という側面は、もともとの社会保障制度の設計思想でもあります。しかし、個々の受益者の立場から見てみると、困りごとが発生するたびに単発で提供される断続的な支援の集合と見えてしまう点は否めません。新しいデリバリーモデルでは、困りごとが発生した時点のニーズにその場限りで応えるだけでなく、その支援を端緒に描き出せる将来の姿を提示する、次の一歩のためにさらに支援が必要ならそれが得意な提供者（プレーヤー）に引き継ぐ、といった現在から将来にわたって途切れない時間と関係の拡がりを持ったエコシステムで支えることが必要です。つまり、時間軸にエコシステムという空間軸が合わさった立体的な仕組みを目指すべきと考えます。

それは1人ひとりに対する支援の質の向上や信頼の獲得につながるだけではありません。前述のように、長きにわたる支援を通じて蓄積されたデータから、エコシステム全体で個々の受益者の経緯や実情を理解し、相互の関係を深めてゆく過程で、個々のケースでの成功や失敗の共有が支援のあり方やその届け方をも改善し、マクロなトレンドの分析からだけでは決して生み出すことのできない、1人ひとりを包摂できるエコシステムという全体の価値創出にもつながります。

個々の市民のライフサイクルに寄り添い継続的に関係し続けることで、それぞれの価値観やニーズを受け入れ、よりパーソナライズされた対応によって、受益者1人ひとりの将来に寄与するという根本的な課題にリーチできるようになるはずです。こうした課題解決能力をエコシステム全体で継続して高めていけば、社会保障によって守られる側から守る側に回る人を増やし、あるいは将来的に守られる側に回るリスクを低減し、社会保障自体の継続性を支えることにつながります。

ビジネスの世界においては、どれだけの顧客にアクセスできるか、ど

れだけの信頼を得ているかが価値創出の極めて重要な基盤になります。常に見知らぬ顧客との接点を模索し続けなければなりません。一方、行政の手元にはすでに個々の受益者につながるための情報は把握されており、公的機関としての基本的な信頼は一定程度存在しているのです。この基盤を活用して、市民の数だけ存在する必要なサポートを知り、ライフサイクルを通じて絶えず支援を届けられるようになることが、社会保障行政のデリバリーモデルを変革する第4の鍵になると考えます。

プラットフォームとしての行政機関

■「オーケストレーション」が行政の役割

　この4つの鍵を駆使して日本の社会保障行政の潜在的な力を解放し、エコシステム型デリバリーモデルに転換していくために行政機関が担うべき役割とはどのようなものでしょうか。

　第1に、エコシステムが自律的に機能し始めるまでの旗振り役は行政機関の役割となるでしょう。初めにあるべきモデル全体をデザインし、変革の道筋を描く。そして、描いた道筋に沿って前に進めるためにリーダーシップを発揮し、既存の仕組みを作っている制度や規制にメスを入れていけるのは、行政機関自身以外には存在しないからです。

　また、エコシステムの活動を通じてイノベーションを生み出すためには、様々なパートナー同士のつながりを醸成していくことが必要です。パートナーがコラボレーションできる場づくりや、様々なアイディアを引き出してその実現を促していく仕組みをつくるには、コミュニケーションのつなぎ役、"コミュニケーションハブ"として情報の流通を活発化するための旗振りも求められます。

　第2に、データ・オーナーとしての役割です。すでに見たように、新しいデリバリーモデルの成否はいかに大量のデータを広く活用できるかにかかっています。社会保障の世界で過去から現在に至る経緯をたどれるユーザー・データの多くをすでに押さえているのは行政機関です。この貴重なデータを保有するオーナーとして、データからより多くのイン

テリジェンスを抽出したり、優れたサービスを実現したりするために、保有するデータを行政機関のみならず様々なパートナーが活用できる仕組みづくりが必須になるでしょう。

　第3は、そのデータを管理する役割です。静的に安全にデータを管理するという従来の役割に加えて、今後はデータがどこで発生してどこで使われているか、今はないデータをどこから入手するか、データの鮮度をいかに保って統合的に蓄積するか、といったデータのサプライチェーンを動的に管理して最大限の活用につなげていくということが重要性を増してきます。新たなデータ収集や、集めた個人データの活用への理解を市民から得るためには、データの取り扱い主体に対する基本的な信用が欠かせません。こうした点からも行政機関がデータ活用を下支えする新しい役割を担う必要性が高まるでしょう。

　最後に、プラットフォームとしての役割があります。データの活用や、行政とパートナーや市民との新しいコミュニケーション接点の構築にはテクノロジーに対する相応の初期投資が必要です。これらは社会保障の新しいデリバリーモデルを実現する社会インフラであり、ベースになるプラットフォームは行政機関が構築するしかないでしょう。ただし、従来の役割とは一線を画します。これまでは、行政側の業務をこなす視点から要件定義されたシステムを作り、仕様書通りに適切に開発できるシステムベンダーを調達して開発させるのが一般的でした。今後求められるのは、市民に投資の必要性を理解してもらうために、人間中心の視点でトライアル＆エラーで受益者の効果を実証することや、このプラットフォームを活用した新しいサービスをパートナーに開発してもらえるように、初めからパートナーを巻き込んで進めるスタイルです。

　以上をまとめると、テクノロジーとデータの活用をてこに社会保障のモデルを再定義し、必要なプラットフォームを用意してパートナーに活用してもらうことで、よりよいサービスを生み出し、ユーザーのニーズ

に応えていくことが行政機関の新たな役割と言えます。これはGAFA（Google、Amazon、Facebook、Apple）と呼ばれるプラットフォームビジネスの担い手が、IT業界におけるビジネスモデルの中核で果たしている役割に限りなく近いものです。つまり、エコシステム型デリバリーモデルへの転換は、行政機関が社会保障行政におけるプラットフォーマーに転換することによって成し遂げられるのです。

　こうした大胆な役割の転換は、エコシステムのパートナーに任せられることは可能な限り任せるという意味においては、行政機関が新しい社会保障で求められる公共財の供給に特化した存在になるとも言えます。行政機関で働く職員にも、従来型の行政マンに求められたものとは異なる資質を持つ人材が求められるようになるでしょう。具体的に言うと、テクノロジーを活用しテクノロジーと協業できる人材や、既存の仕組みを回すオペレーター型の人材というよりは、周りの資源を活用して新しいサービスを生み出していく起業家型の人材です。こうした人材の育成もまた、行政機関に求められます。

　プラットフォームとしての行政機関とは、行政機関の間で連絡会議を開催したり、重厚長大なシステム開発を発注したり、NPOや民間企業に協力を要請するだけの存在になるということでは断じてありません。プラットフォーマーは、エコシステム・パートナーが積極的に参加し、サービスを改善し続けようというインセンティブを与えるビジネスモデルを考え、全体をプラスの方向にOrchestration（編成）する、まさに様々な楽器の演奏者をステージに集め、全体を指揮するオーケストラの指揮者のような役割が求められます。刻々と変化し続ける社会において、最終的な市民への価値を提供し続けるためにエコシステム・パートナーとの間でビジネス上の取り決めをこなすには、一流のビジネススキルが必要となります。非常に骨が折れる難しい役割ではありますが、行政マンにとっては、素晴らしい仕事の機会であり、キャリアやスキル・人脈形成の魅力的なチャンスになると考えます。

市民にも求められる変化
～「自助・共助・公助」の再定義

■受け手側にも意識変容・行動変容が必要

　ここまで、社会保障を提供する側を中心に新しいデリバリーモデルのあり方を見てきました。実は、このモデルが人間中心の発想で構成されているということは、受益者側の立場にも影響します。中心にいる市民は、このシステムから最大限のメリットを享受する受益者であると同時に、エコシステムの一員としてこのモデルをよりよいものにしていく重要な役割も担うことになるからです。社会保障を受ける側にも社会保障に対する意識、関わり方、行動に大きな変化が求められます。

　まず、社会保障が提供する助けを得ながら、どのように自分の人生を生きるのかを選択する機会がこれまで以上に増えます。「標準世帯」がなくなったことは、「標準人生」もなくなったことを意味します。自分のライフスタイルに応じた100年の人生を自分でカスタマイズして、どこにどのような社会保障の助けが必要となるのか、今必要な助けは何で、それによってどのような次の一歩につなげるのかを自分自身で選ぶ必要があるわけです。

　もちろん、選択肢や選択のための情報を提供することは今後も社会保障行政の大きな役割の１つになりますが、こうした情報を集める、自分に合った支援を活用する、アクセスする、そして、自分の将来を作っていくことについて、自ら強く意識することが個人に求められるようになるでしょう。

次に、こうした情報を得るためには、自分に関するデータをどのように取り扱ってほしいのかについても選択が求められます。一般的に、商品やサービスを提供する側が、これを利用したい個人に関する詳しい情報を得ることができれば、得られた情報の分だけその人の必要に応じたサービスや商品、あるいはそれに関する情報を提供することができるようになります。社会保障に関わる情報は、所得、雇用履歴、病歴や与信、どのような社会保障を受けてきたかの履歴のような機微に触れる内容で構成されますが、こうした個人情報は行政が厳重に管理して匿っておくことが不文律とされてきました。今後は、どう活用するかを検討する時代になってきます。情報の利用を誰に認めるか、どこまで活用を認めるかについて、情報が意図しない第三者に漏れないことを前提に、より利便性の高いサービスを受けられるようになるメリットを勘案して、自分で選ぶことが求められるのです。

　また、こうした選択と判断を行うために、「機微情報」へのアクセスのリスクとそこから得られるサービスのリターンを適切に理解することや、具体的にどうすればリスクを避けながらメリットを最大化できるかのノウハウなど、自分に関するデータを取り巻く様々な知識を身につけることも必要になってきます。

　新しいデリバリーモデルのなかでは、プラットフォームの中心にいる市民は、サービスの受益者であると同時にエコシステムに参加する重要なプレーヤーの1人として、よりよいサービスを作るために一役買うことが求められるのです。

　そもそも日本の社会保障は、もともと「自助・共助・公助」の組み合わせによって形作られています。個人や家族単位で自ら働いて生活し、自ら健康維持することを基本とする「自助」、社会保険制度などで生活リスクを分散して助け合う「共助」、自助や共助では対応できない困窮や病気になったときに公的扶助や福祉で補完する「公助」によって成り立っているわけです。Chapter1で見たような人口構造の変化のなかで、

今後の日本において、自分の暮らしは可能な限り自助努力でまかない、社会保障を支える側にも回ることが、社会全体として今後求められるようになることは必然の流れと言えます。支える側の人が増えれば、それだけ多くの人を助けることができるからです。社会保障制度の継続的なあり方については国家戦略、財政、経済政策も含めて大所高所からの政策議論が交わされており、市民としても意思表示が求められる局面が訪れるものと考えますが、すでに足元でも個々人に選択が委ねられる場面は出てきています。たとえば、年金の受給開始年齢は2022年4月から75歳まで繰り下げることを選べるようになりますが、これはいつからもらうと得なのかといった受け手としての損得勘定の前に、社会保障制度のなかにおいて「いつまで支える側でいるか」の選択の意思表示としてとらえられるべきです。

　これまで、社会保障の枠組みのなかでは個々の市民はどちらかというと受け手側として存在していましたが、今後は提供する側の当事者としての観点からの参加や自らの自助の在り方の観点からの選択をする機会が増えていきます。逆の見方をすると、こうした参加と選択の必要性について広く認知してもらうこと、そのために必要な情報やサポートを提供し自助の範囲を拡げていくことが、共助・公助の新しい役割として求められるとも言えます。エコシステム型デリバリーモデルへの変革には、このような当事者たちの役割の見直し、意識と行動の変容が求められます。

　本Chapterでは、アクセンチュアが考える社会保障行政の新しいデリバリーモデルのあり方について見てきました。Chapter4以降では、どうやってこれを実現するのかについて見ていきますが、その前に、Chapter3では、これらを実現しようとしたときに存在する行政特有の壁について俯瞰しておきます。

Accenture Technology Vision
～最新技術トレンドに見る「私」の話（文：滝沢　啓）

　アクセンチュアでは、毎年「Technology Vision」として、この先、企業や政府機関などの組織に最も大きな影響を及ぼすと予想される新たなIT分野の事象を特定し、レポートしています。

　Technology Visionの作成にあたっては、まず社内外のテクノロジー産業の有識者や専門家、世界各国の企業のビジネス部門・IT部門幹部を対象に数千人規模のグローバル調査を実施。あらゆる業界や地域を通じて企業がどのようなテクノロジー戦略を構築し、どのような分野に重点的な投資を行っているのかを明らかにします。これにより、多くの企業において近い将来に経営陣の重要課題となってくると予想されるテーマについて提言するもの。

　2020年までの過去3年間のテーマを振り返ると、いわゆる「SMAC：Social（ソーシャルネットワーク）、Mobile（モバイル端末、スマートデバイス）、Analytics（データ分析・機械学習）、Cloud（クラウドコンピューティング）」に加えて、次なるトレンドと言われる「DARQ：Distributed ledger（分散台帳・ブロックチェーン）、Artificial Intelligence（人工知能）、Virtual Reality（仮想現実）/Augmented Reality（拡張現実）、Quantum Computing（量子コンピュータ）」、セキュリティ、アジャイルやデザインシンキングといったサービス開発方法論などの様々なテクノロジートレンドを取り上げています。

　ここで特筆すべき点として、様々な最新テクノロジーを参照しつつも、そこから経営上の重要テーマとして提言している内容には、「私（I/My/Me）」というキーワードが頻出してきます。

　たとえば、「私」の希望に即座に応えられるAI、「私」のニーズを理

◇ Accenture Technology Vision ◇

https://www.accenture.com/us-en/insights/technology/technology-trends-2021

> Technology Vision 2021 では、パンデミックにより世界の様相が劇的に変わった今、これまで以上に企業が「すべてのビジネスはテクノロジービジネスである」と再認識し、この飛躍的変化の新時代における「Masters of Changes：変化の達人」として、テクノロジーを用いて産業や人の経験を変革し続けるリーダーシップの重要性を謳っている

解し最適化された商品マーケット、「私」のための体験に没入できるバーチャルエンターテイメントなど。どの最先端テクノロジーを活用するにしても、こうした顧客・消費者・市民1人ひとりのニーズをとらえた、まさに「人間中心」のサービスを人々が求めているからです。

　アクセンチュアの調査によると、世界で45億人もの人が、1日平均6.4時間をインターネットにアクセスしており、52%の市民が「日々の生活にテクノロジーは重要な役割を果たしている」、もしくは「ほぼすべてのシーンに深く根付いている」と回答しています。さらに、19%の市民が、「テクノロジーは日常生活と密接に結びついており、切っても切り離せない存在」だと述べています。

　テクノロジーが完全に日常の一部として浸透した現代社会では、私た

ちにとってテクノロジーとは意識せずに自由自在に利用可能であり、生活を豊かにしてくれる欠かせない存在になっているわけです。

　アクセンチュアは、Technology Vision 2016で「People First：主役は"ひと"」をテーマに掲げて以来、一貫して市民を中心に据えたサービス・ビジネスモデルの重要性を謳ってきました。新型コロナへの対応により、社会へのテクノロジーの浸透が一層加速した現在、企業や公共機関は、自らのビジネスとテクノロジーを融合させて、市民を主役に据えた新しいビジネスモデルへアップデートしていくことが求められているのです。

◇ トレンドの変遷 ◇

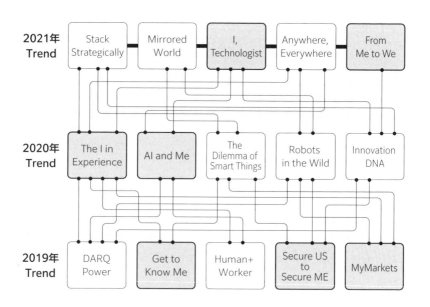

2021年までの過去3年間のTechnology Visionで示した主要トレンド。「私（I/My/Me）」という個の体験に着目し、個を中心に据えたサービスとビジネスモデルを、テクノロジーの力で実現する企業がマーケットに台頭してきている

社会保障行政が抱える
DX推進の障壁

Chapter2で紹介した将来コンセプトとあるべき姿は、実は現在の制度体系や技術の下でも、すぐにでも実現できるとアクセンチュアは考えています。具体的な実現方式や実現例については、次のChapter4をご覧ください。Chapter3では、現在の社会保障行政で実現できていない理由、役所の現場が奮闘しても残念ながら変革を進められなかった原因を深掘りしたいと思います。ポイントは、DXやイノベーションの取組みを阻む役所内の慣習や常識、外部からのプレッシャーなど、様々な障壁と制約の存在です。本Chapterでは、長年、行政・官公庁の顧客と一緒になって業務へ従事してきたアクセンチュアの視点・知見から、社会保障DXの影の阻害要因を明るみに出します。

Do More with Less
～減る公務員と増える仕事

■人員削減で疲弊する現場

　Chapter1で見てきた通り、日本全体で生産年齢人口が減り、深刻な人手不足が経済成長の足かせになるなかで、行政の現場では定員合理化ルールに基づいて計算された"余剰人員"の削減が今も続いています。

　今世紀初頭の中央省庁再編の際には、2001年当時80万人を超えていた一般職公務員の総定員を10年間で10％削減する計画でした。当時の小泉内閣の構造改革は、削減の傾斜をフリーフォールに換え、国立大学法人への移行や郵政民営化により半分以下に激減させたのです。政権が代わっても、増大する医療費と社会保険料の負担を抑えるために、定員削減の流れは止められません。2020年時点ですでに30万人を割っていますが、2025年までの5年間でさらに10％に相当する3万人の削減計画がタイムテーブルに上っています。

　一連の動きと並行して行われた行政のIT化は、公務員の定員合理化を進めるエンジンの1つでした。計画通り、IT化により業務の効率化や省力化が進めば、現場にしわ寄せがくることなく、本来の意味での合理化が進められたはずです。しかし、現実には紙ベースの文書管理や手続きはなくならず、かえって事務処理の手間は増える始末。政府・行政機能を担う現場は非生産的な業務に振り回されています。そのうえ、市民のニーズに合わせたきめ細かい行政サービスを実現するための新たな

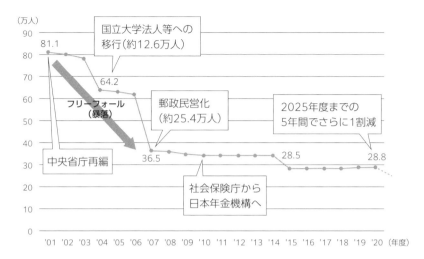

◇ 一般職国家公務員数の推移 ◇

(万人)

- 国立大学法人等への移行（約12.6万人）
- フリーフォール（暴落）
- 中央省庁再編
- 郵政民営化（約25.4万人）
- 社会保険庁から日本年金機構へ
- 2025年度までの5年間でさらに1割減

81.1
64.2
36.5
28.5
28.8

'01 '02 '03 '04 '05 '06 '07 '08 '09 '10 '11 '12 '13 '14 '15 '16 '17 '18 '19 '20 （年度）

（注）一般職国家公務員数は、特定独立行政法人（平成27年4月1日以降、行政執行法人となっている）
　　　を除いて、各年度末定員である
（出典）人事院「令和元年度年次報告書」より作成

業務が増えれば、逼迫の度合いが増すのは明らかです。今までの業務の進め方では、到底太刀打ちできません。

■デジタルシフトによる人員削減とデジタル新規採用

　公務員のスリム化は欧米でも議論されています。たとえば、イギリスのDWP（Department for Work and Pensions：労働年金省）では、政府方針により、継続的に大胆な人員削減と合理化を進めています。2012年に10万人を超えていた人員を2020年までの8年間で7万2,000人へと30％近く削減しています。これと並行して組織の総コスト（運営予算）も、2011年の9,000ポンドから2020年現在では5,800ポンドへ、約36％も削減されました。

ただし、DWPでは単に人員とコスト削減を推し進めただけではなく、デジタル技術による業務・サービス改革と両輪で進めることによって、この合理化を実現しています。DWP Digitalというデジタル技術による変革チームを立ち上げ、「make simpler, clearer, faster services（よりシンプルで、明確で、早いサービスを作る）」を目指し、継続的な業務変革に取り組んできたのです。詳しくはChapter4にて、その実例に触れたいと思います。

　大幅な人員削減の背景の1つには、平均寿命が伸びて年金受給率が大きく上昇し、格差拡大と失業率の悪化を引き金に低所得者向けの給付制度である「ユニバーサルクレジット」の給付が増大し、社会保障行政全体のコスト合理化を進める必要があったとも言われています。社会保障行政運営に必要な業務量は減るどころかむしろ増加傾向にありながら、コスト削減のプレッシャーに応えなければならず、いわば、生産性を2倍にするようなドラスティックな改革が求められていました。実際、改革前時点での現場業務への負担は相当程度高まっており、ユニバーサルクレジットの給付に関わる遅れや事務処理の誤りが発生するなど、国民サービスへ弊害が出たことも指摘されていました。

　こうした状況へ対応していくために、いち早くデジタルを武器にした生産性改革へ舵を切り、実行してきたのです。その裏付けとして、全体の人員削減を進めながら、デジタル技術に関するスキルや能力を有する人材を年数百人規模で採用し、デジタル能力確保にシフトしています。

　現在イギリスでは、構造的な課題に追い打ちをかけるように、Brexit（EU離脱）に伴う制度改革や組織の見直し、新型コロナへの緊急対応が求められ、現場業務への期待とプレッシャーがさらに強まっている状況です。にもかかわらず、これらの変革プログラムとデジタル施策の推進によって、緊急事態下でもこれまで通り、むしろ、これまで以上のサービスを提供しようと努めています。

　DWPのように、行政オペレーションを回す現場が逼迫するなか、人

員の合理化を推し進めるためには、テクノロジーを活用した業務・サービス改革との両輪で進めていくことが必要不可欠です。これまでの日本は、公務員削減のプランが先行し、実際に大幅に削減されてきた一方で、従来の紙ベースの手続きの根本的な見直し（デフォルト・デジタル化）を行ってきませんでした。いわば、手足を縛られた状態での人員削減というしわ寄せが、確実に現場の職員に押し寄せてきていたのです。

■強い危機意識を持つ厚生労働省職員

　国家公務員として入省する方々は、難関の上級試験を突破し、激務と知りながらあえて国の仕事に飛び込み、誇りと情熱を持って取り組んでいます。ところが、多くの公務員は、理想とは裏腹に煩雑な業務に忙殺されて疲弊しているのが実態です。

　なかでも厚生労働行政は、医療、介護、福祉、年金、労働、子育てという国民から関心の高い分野を所管しているため、常に厳しい目にさらされています。同時に、国の一般会計の３分の１、社会保障給付費としては120兆円を超える財源をコントロールする立場に置かれ、霞が関のなかでも飛び抜けた忙しさに追われています。たとえば、省庁の定員1,000人当たりの国会答弁数、所属委員会出席時間、質問主意書答弁数、審議会等の開催回数、国が被告となっている訴訟件数は、主要省庁のなかで厚生労働省がトップ。官報に掲載された政省令、告示のページ数も同省が１〜２位を占めています。

　社会保障コストの抑制は国家命題として重くのしかかり、多忙を極める現場にさらなる人員削減目標が追い打ちをかける構図が、現在の厚生労働省が置かれた姿です。

　厚生労働省改革若手チームが2018年８月に世に問うた「厚生労働省の業務・組織改革のための緊急提言」には、この膨大な業務と外部からのプレッシャーに神経をすり減らし、心身ともに衰弱した職員たちの悲

壮な声があふれています。働き方改革を主管する省庁でありながら、職員の半数が「仕事が心身の健康に悪影響を与える職場である」とアンケートに回答。「厚生労働省に入省して、生きながら人生の墓場に入ったとずっと思っている」（大臣官房、係長級）、「毎日いつ辞めようかと考えている。毎日終電を超えていた日は、毎日死にたいと思った」（保険局、係長級）といった衝撃的な証言も掲載されています。

　しかし、この緊急提言には、若手官僚たちが「（省内の業務や組織を改革し）今以上に高いパフォーマンスを発揮できなければ、国民全体に十分な価値を提供できない」という危機意識と、「自分たちが職場から逃げれば、厚労行政の先にいて助けを求めている人々を救えない」という強い使命感を持ち、意欲を失わずに奮闘している姿も読み取れます。その影で、やりがいを感じながらも「健康や家族を犠牲にしてまで続けられない」と力尽き、辞めざるを得なくなった職員も少なくありません。ここに組織の脆弱性が垣間見えます。すでに2018年の段階でギリギリの状況に追い込まれているうえに、さらなる10％もの人員削減が起きたらどうなるでしょうか。

　中央省庁のキャリア官僚ですら、これほど過酷な環境に置かれているだけに、市民と接する窓口業務などで現場のオペレーションに携わる職員も当然厳しい状況に置かれています。地方自治体の職員は、ピークだった1994年の328万人から、平成の大合併を経て、20年間で276万人まで減りました。ここ5〜6年は横ばいを続けていますが、税収減や地方交付税交付金の削減が進むと見られるため、今後は合理化圧力が強まる可能性が高いでしょう。地方行政サービスの改革として、民間委託や指定管理者制度の活用を進め、スリム化を図る施策も進行中です。

　人員のスリム化を補う施策として両輪で考えるべきテクノロジー活用の戦略が描けていないこと、それゆえに人員削減の片輪走行になっていることから新しい施策に大胆に取り組む人員も捻出できないこと、これらヒトの問題が社会保障行政のDXを進める最大の障壁と言えます。

◇ 主な省庁の内部部局定員（1,000人）当たり業務量比較 ◇

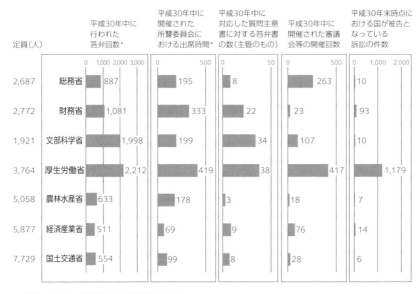

定員（人）		平成30年中に行われた答弁回数*	平成30年中に開催された所轄委員会における出席時間*	平成30年中に対応した質問主意書に対する答弁書の数（主管のもの）	平成30年中に開催された審議会等の開催回数	平成30年末時点になっている国が被告となっている訴訟の件数
2,687	総務省	887	195	8	263	10
2,772	財務省	1,081	333	22	23	93
1,921	文部科学省	1,998	199	34	107	10
3,764	厚生労働省	2,212	419	38	417	1,179
5,058	農林水産省	633	178	3	18	7
5,877	経済産業省	511	69	9	76	14
7,729	国土交通省	554	99	8	28	6

＊大臣・副大臣・政務官・政府参考人の合計
（出典）自民党行政改革推進本部「霞が関のヘッドクォーター機能の業務量に関する調査」（2018年12月〜）」

◇ 地方公共団体の総職員数の推移（平成6年 〜 令和2年） ◇

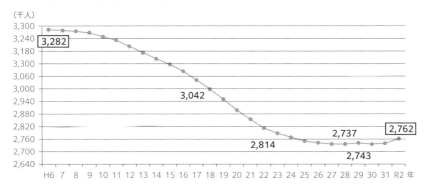

（出典）総務省「地方公務員数の状況（総職員数）」より作成

変革を阻む組織の壁

■市民視点でのサービス提供の責任者とは

　ヒトの次は組織の障壁です。長らく縦割り行政の弊害は指摘されてきました。根本的には、その状況は変わっていません。

　たとえば、ある貧困状態に置かれた世帯が支援を求められる制度は、失業保険から、就職支援、子育て支援、生活保護、税や社会保険料の控除・免除、老齢年金、障害年金まで多岐にわたります。利用する市民の視点では1つの事象にもかかわらず、関わる管轄組織がすべて違うのです。それぞれの手続きを調べ、別々の窓口に赴き、何枚もの申請書に同じ住所氏名・生年月日・性別・連絡先を何度も繰り返し書き、窓口ごとに微妙に異なる必要書類を提出しなければなりません。証明書の発行手数料もバカにならない負担でしょう。人員も予算も縦割りの組織になっているために、1人の市民に対してワンストップ、ワンスオンリーのサービスを提供できないわけです。

　この問題は、行政組織が法制度ごとに部署が作られていることに起因します。

　もちろん、各行政サービスの担当組織が細かく分かれていること自体が悪いわけではありません。多様で要求水準の高い市民の要望に応え、適切に制度を適用し、ミスなく手続きを進めるには、分野ごとの専門部署は必要です。

　他方で、市民から見て非常にわかりにくい面は否めません。自治体を

例にとってみると、戸籍は法務省で、住民票は総務省の管轄になっています。自らの戸籍謄本を取りに行こうとすると、戸籍係と印鑑証明や住民票を取りに行く窓口は異なるシステムで分断されています。また、年金を例にとっても、厚生労働省年金局からの周知広報、日本年金機構からのねんきん定期便での通知、各種広報誌や、ねんきんネット等を通じたデジタルでの周知広報、年金事務所での対面説明や相談、コールセンターでのサポートなど、利用者とのコミュニケーションを異なる業務部門や広報部門がそれぞれ考え、またそのために必要な民間事業者もバラバラに契約されているような状況です。

　当たり前のことではありますが、利用者からすると重要なのはサービスの内容であって、サービスの提供者が誰かはそれほど重要ではありません。おそらく、「こっちの情報は厚生労働省から届けてほしい。あっちの情報は日本年金機構から伝えてほしい」と考える利用者はいないでしょう。ただ、市民から見れば同じ役所でも、役所側から見ると異なる法制度に対する別々の手続きとして位置付けられてしまっているのです。こうした組織の壁、縦割りのわかりにくさが、行政に対する市民参画を阻害する一因になっている可能性があります。

　このように、法制度ごとに組成されているがゆえ、市民がどのようなサービスを求めているか、そのためにどう提供するかを俯瞰的に検討する明確な組織は存在しないように見受けられます。ワンストップサービスは、複数の領域にまたがる組織が相互に有機的に連携し、補完し合う仕組みがあれば、十分に実現できるはずです。中央官庁のキャリア組はもちろん、日々市民のニーズに接しているオペレーション担当の職員も、横にいるほかの専門部署との連携がスムーズに進めば、利用者の満足度が高いサービスを提供できるとすでに気づき、できればそうしたいと考えているのではないでしょうか。

　しかし、現実にこうした取組みが進まない理由は、前述の人員削減ゆえに法制度ごとで担当する業務の遂行さえ困難な状況であるため、横断

的な組織の配置や、それを率先して進める永続的な担当すなわち人的資源と権限がないというシンプルな点に尽きると考えています。いざ横の連携を始めようとした場合、当然その取組みのための活動原資が必要です。その際に、どの部署が予算と人員を出し、誰が音頭を取って進めればいいのかが明確にならず、どこも動き始めることができません。結果として取組みを進められない状況になっているのです。

　国の実際の状況を見てみると、大臣や長官直轄の大臣官房・長官官房という全体を管理調整する組織が各省庁には存在しており、そこが各担当課である業務部門やシステム部門を巻き込んで、横串の取組みを始めていくケースは少なくありません。しかし、官房組織も、人員や予算のパワーという意味では十分ではなく、企画や試行ならまだしも本番業務や新規事業として動かすためには各担当課へ引き継ぐことを念頭に進めざるを得ないのが実情です。官房には、トップ直轄組織という性質もあり、各省庁のエース級、将来の幹部候補が配置されることも多いですが、この優秀な人たちをもってしても、今の行政組織の仕組みは大きな変革を実行に移す障壁になっています。

■強すぎる現場が持つ諸刃の剣

　民間の企業経営では「強い現場が競争力を高める」「現場力が企業価値の源泉」と言われます。トヨタの"カイゼン"に代表されるように、現場の従業員による創意工夫と努力の積み重ねが、高品質な製品・サービス作りにつながっているのは確かです。

　公共部門も同様に、有能な現場に支えられています。たとえ政権が代わっても、新型コロナや東日本大震災といった未曾有の事態に遭遇しても、行政機関が1日も休まずに機能してきた原動力は、間違いなく現場の力でした。組織だった指揮や優先順位の指示がなくても、現場の奮闘によって乗り越えてきています。

◇ 現場力による組織の違い ◇

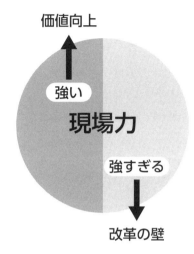

価値向上

強い

現場力

強すぎる

改革の壁

　強い現場は、業務の範囲が担当組織内に留まっている限り、大きな威力を発揮します。担当制度の理解を深め、市民へのサービス提供のための業務オペレーションを随時マニュアル化しつつ、無駄な手続き・手順がないように日々改善を続ける取組みを、これまでもずっと継続してきました。しかし、今までとは全く異なる業務を検討する場合、さらにはそれを組織横断的なプロジェクトとして進める場合は、各組織内の現場力の強さがかえってアダになってしまう懸念があると我われは考えます。

　理由の1つは、現場が強いゆえにトップダウンでの強力なリーダーシップが発揮しにくい点です。新規業務の導入や他組織との連携には、その目的や戦略を踏まえた強力なトップダウンで組織をリードしていくことが求められます。しかし、限られた人員と予算で社会保障行政を回しているなかで、強い現場からのボトムアップ、あるいは現場を押さえるミドル層が実質的な物事を決めるというガバナンスが確立された結果、トップダウンでの意思決定を難しくしています。また、官僚機構に

Chapter 3　社会保障行政が抱えるDX推進の障壁

おける幹部は１年から２年程度で異動していくことも、上層部が組織を
またぐ見直しや改革のリーダーシップを発揮しにくい要因の１つです。

　２つ目は予算との関係で、今ある現場の業務・組織を前提にせざるを
得ないという制約です。継続案件にせよ、新規プロジェクトにせよ、何
かを始めるときは、当然ながら裏付けとなる予算を確保しなければ、取
組みの原資もなく、それに携わる職員の給与をまかなうこともできませ
ん。しかし、現在の行政組織の基本的な予算確保のプロセスは、各現場
の課・係のレベルで、自分たちが担当する業務オペレーションを回すた
めに費用がいくらかかり、何人の人員が必要になるかを見積り、組織内
の予算に組み入れて、財政部門や財務省に予算要求する仕組みになって
います。つまり、既存の業務・組織を踏襲することを基本に、現場の視
点を端緒にして、ボトムアップで積み上げたものが組織の予算になって
いるのです。

　このため、たとえ省庁や組織を横断するような大型プロジェクトが持
ち上がったとしても、具体的な予算を検討するスタートラインは各組織
の末端の現在のコストにならざるを得ません。組織横断でプロジェクト
全体の予算をコントロールすることや、将来の期待効果が高い全く新し
い施策を考える試みに投資的に予算措置することが難しい構造になって
います。また、前例のない取組みの場合、そもそも組織内のメンバー全
員の意識を揃え、誰かが音頭を取って動き始めるところまで持って行く
だけでも大変な労力が必要です。まして、その先に同調してくれる関連
部署との調整が待っているとなると、スピード感を持った対応は期待で
きません。

　行政サービスのユーザーである市民の前に立ちはだかる縦割りという
組織構造の壁、その縦割り組織のなかにおいてトップダウンで物事を大
きく動かしにくい組織内の力学、こうした組織の問題もまた社会保障行
政のDXを進める大きな障壁です。

古い流儀と常識・慣習の壁

■「国が社会を引っ張っていく」〜国の企画と予算と調達

　行政サービスを新規で立ち上げるには、企画から予算化まで最低でも2年の期間を要するプロセスになっています（85ページ上図参照）。新しいサービスが始まる前に実現したい内容や目標効果を厳密に定義しながら、関係各所との調整を入念に行い、承認を取って初めて予算を「申請」できるスタートラインに立てるわけです。このような慎重な進め方が、全体の動きを重たくしてしまいます。

　省庁横断のプロジェクトでは、なおさら長期に及びます。大小様々な連絡会議や協議会を設け、定期的な会議を開いて、関係機関や外部有識者と議論を重ねることが、前提となるからです。もちろんこれは法制度や行政運営などの国のあり方を決めるために必要なプロセスではありますが、これに半年から1年単位の時間がかかるため、当初の企画を始めたところからはいつの間にか3〜4年経過してしまいます。

　実際に予算がついても、外部からの支援や分担が必要となれば、次は「調達」、つまり外部の事業者やサービス提供者との契約の仕方について考える必要があります。官公庁が物品を購入する場合や何かの業務の代行を依頼する場合は、事業者間で競争して札を入れ落札者が契約をする「入札」という手続きを取るのが原則です。資格要件を満たせば誰でも自由に入札に参加できる一般競争入札方式を原則に、特定の複数事業者を指名する指名競争入札や入札せずに任意の事業者と契約する随意契約

などの政府調達の仕組みが定められていますが、その骨格は明治時代に作られました。

1996年にWTOで「政府調達に関する協定」が締結され、47の国・関税地域で一定額以上の公共工事や物品購入についての共通ルールが定められましたが、基本的な枠組み・考え方は100年以上も変わっていないのです。国の事業として税金や公的資金が投入される以上、透明性と公平性を確保するためにはこの入札方式が有効です。しかし、これがデジタル化のネックでもあります。

代表的な総合評価方式での一般競争入札を例にとってみましょう。総合評価方式とは、発注者である行政機関が、調達仕様書を示したうえで事業者からの提案を募り、提案内容の技術要素（技術点）と提示価格（価格点）をそれぞれ定量的に評価し、予定価格内で最も高い評価点を獲得した事業者を落札者と認定する方式です。予定価格が一定基準以上の案件の場合は、WTOルールにも基づき、公平に広く事業者を募るために公示期間の最低日数が定められていたり、事前の仕様書公開による意見招請や情報システム関連調達の場合はCIO補佐官レビューが必要とされたり、と厳格なプロセス対応が求められます。

ポイントは、公示の前段階で、こうした事前の審査や調達の公平・公正さを保つために、調達仕様書として発注者が調達したい物品や役務内容を明確に定義する必要があるという点です。建設や運輸関係の社会インフラであれば、民間より優秀な技官が行政側にいて、標準仕様書というお墨付きを与えるのは問題ないでしょう。しかし、情報システムの専門技官は中央官庁にはほとんどいません。まして、ものすごいスピードで進化するIT技術、AIやクラウドサービスのように導入時の成果が計りにくいデジタル技術については、調達する前に完全な仕様書を書くことは難しくなっています。

近年は、こうしたボトルネックの解消に向けた動きも現れています。

◇ 国の予算要求の流れ ◇

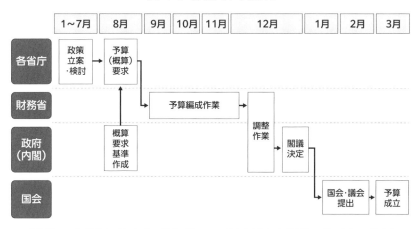

たとえば、令和４年度に何か調達を行おうと考えたら、その予算要求に向けての作業は令和３年４月から開始しなければならない。つまり、予算要求の前段階となる調達の検討は、令和２年度中から開始していなければ間に合わないことになる

◇ 一般競争入札（総合評価方式）のプロセス ◇

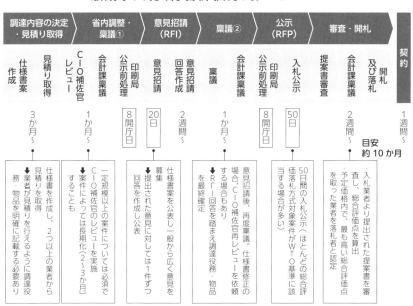

枠付き日数：WTO規定等に基づき必要と定められた期間

政府の「デジタル・ガバメント実行計画」では、2018年から新しい調達・契約に関する議論を開始しました。2019年には、「予算要求段階から仕様を詳細に確定させることが困難な場合もあるため、行政と事業者が政策課題を共有し、対話を通じて相互理解を深めたうえで契約することが重要」との問題意識から、各府省情報化統括責任者（CIO）連絡会議で「情報システムに係る新たな調達・契約方法に関する試行運用のための骨子」が策定されました。

　このなかで、民間事業者とのコミュニケーションを調達プロセスに取り込む2つのケースが提示されています。

① **一般競争（総合評価落札方式）**：途中の評価段階において技術的対話等を通じて改善や再提出を求め、改善された技術提案に基づき入札を行う仕組み
② **企画競争方式**：技術提案が最も優れた事業者を優先交渉権者として選定し最終的な技術的対応を通じて決定する仕組み

　しかし、前者については、外部の人間に何をさせるのかを予め精緻に整理しなければならないというスタンスは同じであり、調達に関する幾重もの準備に年単位での時間を費やす点で、従来の仕組みと大きく変わりはありません。

　後者については、平成バブル期の"ハコモノ行政"や公共調達の談合問題への反省から、公共調達の適正化が財務大臣通達*によって強く謳われた背景もあり、特定事業者との随意契約を原則認めないという考えの下、随意契約の一形態である企画競争を採用しない（もしくは内部的に採用しにくい）というケースも少なくありません。そもそも、民間の知見を活用して検討を進めたいのに、何をさせるかを省庁側が予め明確に定義しなければならない（つまり、官がどうすべきか答えをすでに持っていなければならない）という矛盾を前に、頭を悩ませ余計に時間

がかかってしまうのです。

　こうして、現場が動き出す頃には、新たなサービスを求める社会の
ニーズはすでに次のフェーズに移ってしまっているでしょう。これだけ
変化の激しい現代社会においては、当初意図していた目標が、その時点
のニーズに合致しているか疑わしく、このタイムラグは致命的なものに
なってしまいます。市民に向けてサービスを提供するのは、さらにその
先、何年後になるかわからないとなればなおさらです。「世界最先端デ
ジタル国家創造宣言」の勇ましい掛け声とは裏腹に、多くの国の後塵を
拝している現状が物語っています（95ページコラム参照）。

＊財務省「公共調達の適正化について（平成18年8月25日）」
　https://www.mof.go.jp/budget/topics/public_purchase/koukyou/koukyou_02.htm

　社会環境変化の予測が難しくなり、かつその変化のスピードが増すな
かで、民間では、商品・サービスの提供のサイクルを大幅に短縮し、デー
タを用いて予測しながら、状況を評価して適切に改善と軌道修正を続け
る、というスタイルに自己改善を遂げられた企業が生き残っています。
こうした民間企業のスピード感が、社会の変化への対応の定石となりつ
つあるにもかかわらず、従来から変わらない行政による対応のスピード
感の遅さが相対的に際立って見えてしまう点は否めないでしょう。

　昨今の新型コロナ対応では、対応のスピード感やサービスの内容につ
いて批判の声が上がりました。ただ、持続化給付金などの緊急の法律施
行に伴う対応では、問題をはらみながらも、給付の申請手続きのサービ
スを1〜2か月の期間で実現するなど、これまでの役所ペースにないス
ピード感で対応できたことも事実です。国家規模・世界規模の緊急事態
に対して国全体で早急に対応しなければならないという共通認識がすで
に作られていたこと、政府主導のトップダウンで進められたことが、大
きな勝因でしょう。こうした経験と実績を次につなげていく姿勢が求め
られます。

■変革を萎縮させる社会の目、公平・公正のしがらみ

　市民が持つ常識からもたらされる障壁にも触れておきましょう。

　公務員の仕事は、市民の生活に直結し、かつ市民から納められる税金を活動原資とするだけに、国民の期待値が高く、常に厳しい社会の目にさらされています。いざ不祥事が起きればマスメディアやSNSで叩かれ、一瞬にして炎上してしまう気の毒な立場です。「失敗は絶対に許さない」という風潮に現場が委縮し、大きな変革にチャレンジしよう、新しいサービスを始めようという動きにブレーキがかけられている面もあります。公務員（Civil Servant）はあたかも市民の召使であるかのように「滅私奉公が当たり前で、仕事を間違う局面などあってはいけない」というマスコミ・市民感情があるのではないでしょうか。

　また、行政に求められる業務の効率化と質の高いサービス提供を両立するには、民間の力の活用が欠かせません。特に変化の激しい社会を知ることが、よりよい行政サービスを提供するために必須です。残念ながら、不正のニュースがあるたびに「李下に冠を正さず」の教訓を過剰に意識するせいか、変化の激しい社会から隔絶する方向に向かっているような印象を受けます。

　もちろん、不正は悪です。しかしながら、社会の変化へ迅速に対応するには、官民の交流を今までより密に進める踏み込んだ行動が求められます。ほんの一部の不正を行った職員のふるまいから、大多数の良識ある行政職員が、ルールを順守する姿勢や怪しいと思われない振る舞いを優先しすぎるあまり、社会のニーズに目と耳を閉ざしていくことは市民自身にとっても損失です。

　官民交流といっても、日ごろからの意見・情報交換から、民間登用・公務員の民間企業への出向まで様々です。一例ですが、海外では公共領域での主要な変革プロジェクトを率いるリーダーに民間の人材を登用

し、その経験・知見を活用しようとする試みは珍しくありません。たとえば、アメリカ合衆国内国歳入庁（IRS）の基幹系システム刷新をリードしたプログラムマネジャーは民間企業の人員がアサイン（任命）されました。多彩な国民向けデジタルサービスを積極的に提供し続けているオーストラリア国税庁（ATO）のCIOもまた民間企業の人員から登用されました。その方は元アクセンチュア社員で、ATOクライアント向けのコンサルティングサービスを提供するチームの統括リーダーでした。ATOが近年取り組んでいる業務・サービス改革を、今後継続的に、中長期的な視野で進めていける役割を期待されています（ATOの先進的な取組みについてはChapter4にて詳述します）。

　大規模な変革を進めるには、民間で同様のマネジメント経験を持ったビジネスパーソンの投入が有効です。しかし、行政機関としては、民間人に責任と権限を与えるガバナンスのメリットより、該当する民間人の出身企業への発注があった場合に、たとえ明らかに公平・公正であったとしても、社会から批判されるリスクを強く意識せざるを得ません。

　また、年間数百億円から数千億円のIT予算をマネジメントし、効果を最大化することで、数百億円のコスト削減や新規行政サービスの提供、大規模な変革を実現できる経験のあるリーダーは、民間にもどのくらいいるでしょうか。そのような方に、高額の報酬とともに強力な権限と責任を与えるならまだしも、権限が限られ、報酬も民間で働くより圧倒的に抑えられるなかで、不祥事や問題があれば即謝罪会見に駆り出される仕事に魅力を感じられるでしょうか。

　激動の社会にあわせて行政が変わっていくには、マスコミや市民も不正はしっかり監視しつつ、そのチャレンジを後押しし、最先端の民間の手法やマネジメントのあり方を貪欲に吸収できる環境を許容していくことが大切です。

■コストの説明より ROI を
～求められるビジネススキル・マインド

　最後に、行政組織の持つ慣習・カルチャーの障壁に触れたいと思います。

　前述した予算要求のケースを考えると、現場主導で現業の業務を回すために必要なコストと体制を見積り、次年度向け予算として要求し、その必要性が審議されるプロセスを経ます。このプロセスにおいては、すべて必要とされるコストベースでの積み上げと精査に終始しており、その予算を使った取組みや行政サービスが、どういう効果をもたらすのかというパフォーマンスに対する視点がほとんどないのが実態です。

　生活保護を例に挙げます。制度の基本的な思想は、生活困窮者に対する生活の保障と復帰のためのセーフティネット機能です。本来的には生活保護費の支給だけでなく、受給者もしくは受給要件を満たさない困窮者に対して様々なケアをし、生活保護を受給しなくてもよいように、いち早く経済的な自立を支援するアプローチも必要とされるはずです。しかし、現状ではそこまできめ細やかなケアを行うと経費が大きくなり過ぎる懸念があり、これが対応を抑止するブレーキとなってしまうのです。

　行政の業績評価も全くされていないわけではありません。行政事業レビューという形で、行政改革推進会議主導の下、各府省で定期的に実施されています。しかし、パフォーマンス評価の指標は、その活動に資する業務をどれだけ行ったか（相談件数、監査の回数など）や、活動支出が適正だったか（コストベースで予算が適正に執行されたか）を評価するに留まり、活動の結果、本来助けられるべき人がどうなったか、社会経済に対するインパクトがどうだったのか、という視点まで及んでいないのです。組織としてコントローラブル（制御可能）な範囲での業務実績として KPI（Key Performance Indicator：重要業績評価指標）をモニ

タリングすること自体は組織運営上極めて重要な営みですが、その取組みが本来目指した最終ゴール、言わばKGI（Key Goal Indicator：重要目標達成指標）への貢献についても評価されなければ、その予算が適正だったのかは測れません。言い換えれば、民間では常識の「ROI（Return on Investment：投下資本利益率／費用対効果）の考え方を導入する必要があります。

　また、組織の取組み原資となる予算がコストベースで意思決定される弊害として、優先順位をつけられない問題があります。現業を回すために必要なコストを予算とすると、基本的にはすべてが欠くことのできない重要なものと総花的に見ざるを得ず、本当に注力すべき領域を見極めにくくなります。

　正しいアプローチとしては、①組織として取り組むべき活動に優先順位をつける→②各々に期待される成果・ゴール・パフォーマンスを天秤にかける→③以上に基づいて、予算の振り分け先を意思決定するという、合理的な"経営"判断のプロセスが必要なのです。つまり、公務員といえども"経営"という「ビジネススキル・マインド」を持つ必要があるのです。先ほど紹介した行政の変革プロジェクトのリーダーに民間企業の人材を登用したケースも、ビジネススキル・マインドがプロジェクト運営上必要とされたために、それを身に付けた有識者として参画し、能力発揮が期待された側面も大いにあるでしょう。

　さらに、コストベースの思考や意思決定が続けられている慣習が、個々の職員のパフォーマンスやモチベーションにも影響してきます。仮に新しい取組みに意欲を持って頑張ろうという職員が現れたとしても、成果に対する視点がなければその活動を評価できません。逆に「やりすぎだ、本分をわきまえろ」と釘を刺される、成果がなかったときは現業を疎かにしたと叩かれるなど、文字通り「出る杭は打たれる」状況になってしまいかねません。

　公務員は基本的に組織と職級により「公平・公正」な人事評価と給与

体系になっており、成果に対するチャレンジを弾力的に評価し給与で応える仕組みがないのです。いくら頑張ってもインセンティブがなく、むしろミスをすれば評価が下がる減点主義の人事制度と組織カルチャーの下では、職員のやる気がスポイルされてしまいます。結局、上司の意向に忖度しつつ、なるべく無難な取組みで済ませようとする意識が自然と蔓延してしまう、そんな慣習・カルチャーの壁もまた1つの改革障壁です。

行政機関を縛り付ける制約・障壁

■「ヒト」と「組織」の問題をクリアするために

　ここまで説明してきた通り、現状をよりよくしよう、変えようという意思・取組みは随所で見られつつも、実行力を伴う形で実現できなかったのは、行政機関を取り巻く様々な要因が行政機関と職員のみなさん自身を縛り付けてしまっていたことにあると我われはとらえています。

　1つは「ヒト」の問題。国の財政問題から絶えずコスト削減、つまり人員削減のプレッシャーがかけられ、現業ですら逼迫する行政の現場に「新しいプロジェクトを始めろ」と押し付けるのは、現場としても受けがたい状況があります。また、国の制度とその運用のスペシャリストたちに対して「全く新しい企画を考えろ」というのも、その経験もスキルもなければ実行しにくいでしょう。

　「ヒト」に輪をかけて縛りとなっているのが「組織」の問題です。ヒト同様、担当現業を責任持って遂行するための組織に対して、「横（他組織）と連携しながら改革を進めなさい」と一方的に言われても、受け入れがたいでしょう。複数の関係者を束ねて、調整し、取組みのオーナーとして推進する「指揮者」の存在が必要ですが、そのためにはヒトもカネも欠かせません。逼迫する現業と兼任させながら、「手弁当」的にできる範囲は限られてしまいます。

■足かせとなっている「慣習」

　そして、これまでの「慣習」の問題。具体的には予算化と調達という
カネにまつわる意思決定のあり方の制約と、我われ市民も含めた公務員
のあり方に対する意識が挙げられます。変化が激しく、先が見通せない
現代社会において、国が将来的な有り様をすべて予測し、定義し、レー
ルを敷くというこれまでのやり方は機能しなくなってきています。目標
とする効果・成果を得るために、必要な打ち手を柔軟に、迅速に繰り出
していく。そういったスピード感に順応できるような意思決定と予算措
置の経営判断を可能とする仕組み、公務員のあり方が求められているの
です。

　こうした制約・障壁は、みなさんもお気づきの通り、社会保障領域に
限った話ではなく、政府行政全体に共通した課題だと認識しています。
こうした「足かせ」を解放し、業務・サービス・組織のDXを進めるた
めには何が必要なのか、具体的なサービス事例を紹介するChapter4と
合わせて、推進上の打ち手についても、続くChapter5で紹介していき
たいと思います。

行政 DX に立ちはだかる
３つのボトルネック（文：立石　英司）

　過去20年近くにわたり、行政のIT化、デジタル化が叫ばれながら、一進一退を続け、思うような成果が得られずに来た原因について、昨今話題のキーワードと関連させた、少し違った視点から補足解説したいと思います。

　キーワードは、「ペーパーレス」「クラウド」、そして「AI」です。

１．未だに紙ベースが主流の申請手続き

　2001年に発表された「e-Japan戦略」には、電子政府の目標の第一に「文書の電子化、ペーパーレス化」が掲げられました。それから16年後の「デジタル・ガバメント実行計画」でも、重要目標「行政サービスの100％デジタル化」を進めるための基本３原則の筆頭に「デジタル・ファースト」と記載されています。これは、行政手続きやサービスを一貫してデジタルで完結させることを指します。しかし、未だに行政の現場は紙であふれています。

　特に問題なのは、紙とデジタルが無秩序に混在している状況です。業務オペレーションは、これまでのシステム化とその刷新を経ることで、かなりの部分までデジタル化されているにもかかわらず、様々な証明書や届出の窓口では紙ベースの申請書を受け付けています。初めに申請者自身が手書きで記入した書面を基に、現場スタッフがパソコンにパンチ入力し、間違いがないかを複数の人でチェックするために、わざわざプリントアウトし、問題がなければデータベースに登録するという作業を行っているのです。パンチ入力のアウトソーシングを業務効率化と称していますが、実際には「紙⇔デジタル」の往来に二重三重の手間をかけ

ているため、効率的になったと言えないケースも少なくありません。

新型コロナの対応でも、同様のケースが見られました。各種給付金の申請において、マイナンバーとマイナポータルを活用して市民がオンラインで申請できる入口は用意されていました。ところが、その申請を受け付ける自治体側の準備は必ずしも十分ではなかったのです。マイナンバーを使って申請された情報を確かめるために、一度紙で印刷し、別の端末から住民基本台帳情報を目視で確認してチェックする、というアナログなやり方をせざるを得ませんでした。その結果、「オンラインより紙申請のほうが早い」「自治体側も紙での申請を推奨する」などと本末転倒な事態に陥ってしまったのです。

　自治体の業務のやり方に対する指摘も多く挙げられましたが、マイナンバーのネットワークと住民基本台帳のネットワークが独立して構築されるという政府全体方針のために、やむを得ず現場が対応しなければならなかった結果とも言えるでしょう。

　本来、デジタル化とは申請書自体がいらなくなる世界。手書きの転記もいらなくなり、結果的にチェックもしなくて済みます。中途半端なデジタル化が現場の業務を増幅させてしまっているのです。これは、文書管理規則から変えていく必要があるでしょう。

２．クラウドへの根強い警戒心

　政府は、2017年に「世界最先端IT国家創造宣言・官民データ活用推進基本計画」で「クラウド・バイ・デフォルト原則」を打ち出しました。各府省のシステム基盤の整備に当たって、クラウドサービスの利用を第一候補として検討する方針です。

　しかし、行政の現場では、情報セキュリティや移行リスクへの漠然とした不安があるせいか、導入のハードルはなかなか下がっていません。他省庁の様子を見ながら、横並びで進もうとしている様子が窺えます。

　また、クラウドとAIの関係についての認識不足も垣間見えます。たとえば、お客様からいただく個別の相談事項のなかには「業務でAIを試してみたいけど、クラウドにデータを乗せたくはないので、ローカルで試す環境を作れないか」との要望も珍しくありません。AI、データ分析の技術活用にあたっては、オープンなコミュニティで日々進化しているライブラリなどのアセットを上手く活用することや、データ分析という瞬発的なシステムリソースを必要とする作業の特徴を踏まえて、「ほとんどのAIはクラウドに乗せてセットで使うことで機能を発揮します」と答えると驚きの声が聞かれます。

　また、詳細は後述しますが、「クラウドこそ最もセキュアな環境である」と言える時代がもうすでに来ています。昨今のサイバー攻撃は、最新技術を利用しながらどんどん巧妙化し、脅威となっているのが現実。これに対してクラウドサービスの提供者は、インターネットに接続されたオープンなサービスでありながら、こうした脅威に常に先んじて対応すべく、セキュリティ対策を日進月歩で高度化させています。クラウド利用者は、その最新のセキュリティ対策をサービスとして受けながら、加えて利用者として必要な対策を上乗せることで、より強固な体制にし

ています。同じレベルのセキュリティ体制を、利用者のローカル・システムに自前で用意した環境で実現しようとすれば、どれほどの費用がかかることでしょうか。最新技術がこれまでの慣習・常識を破壊しつつあるなかで、それをどう活用していくか。前提を見直し、変わる機運を組織として作っていけるかが非常に重要となります。

３．AIが行政と馴染まない？

　どの省庁でもAIを積極的に取り入れたいと考えており、組織目標や中期計画のなかでAIのキーワードが登場することも珍しくなくなりました。ところが、AIの特性が、従来の政府・行政における予算化・調達の方式に非常に馴染みにくいという問題があります。

　国の調達は請負契約が基本です。システム開発を例に取ると、予め定めた特定の仕様に基づいてシステム一式の導入費用＝価格を決めて、事業者に入札してもらう仕組みとなっています。もしくはシステムハードウェアのサーバやPC端末のリース契約のように、月額固定方式で、予算をつけ調達するケースがほとんどです。

　一方、AIは、本書で改めて述べるまでもなく、プロトタイプでデータを学習させてPoC（概念実証）を繰り返し、意図した効果が得られるかを確認できたあと、つまり取組みを始めてからでなければ、最終的な能力や仕様を確定できません。まさに、お試しで始めてみて、ダメならやり直す「アジャイル」の開発方式を前提としています。

　しかも、前述のように、従量課金制のクラウドに乗せて学習・稼働させるのであれば、使った分だけ支払う方式です。これも先立って精緻に試算することは難しいでしょう。国の調達においては、月々の金額が変動する契約はこれまでありませんでした。AIを行政の現場へスムーズに導入するには、このような予算の立て方や調達方式の見直しが必要になります。

社会保障DXが実現するもの
～「私」に寄り添う
デジタル・エコシステム

Chapter3では、Human Servicesとしての社会保障行政の実現、そのために欠かせないDXを阻む壁を解説しました。Chapter4では、これらの障壁をクリアし、社会保障DXを実現するための処方箋とソリューションを、アクセンチュアが支援した先進事例を中心に読み解きながら紹介します。

まず、Chapter2にて将来像として示したエコシステム型の社会保障デリバリーモデルをベースにして、労働・年金領域を中心とした社会保障サービスの具体的な絵姿を、課題解決の処方箋として示したいと思います。ポイントはとにかく「人間中心」。百人白様の「私」に寄り添う社会保障サービスを実現するための、人とテクノロジーの協働です。

社会保障DX戦略

■社会保障DXの本質

　社会保障領域の今後の方向性を議論するにあたっては、常にある種の難しさが付きまといます。

　まず、社会保障費というコストの側面です。社会保障費増大と財政逼迫が永らく問題視されている一方で、Chapter1に示したように、社会保障を必要とする人が減らない、むしろ少子高齢化や経済格差、新型コロナの影響で増えつつあるという現状を前に、その支援の手を緩めることはできないというジレンマを抱えています。社会保障行政にとっては、この板挟みにあって、正面切って社会保障費の抑制について議論しづらい状況が生まれていると考えます。

　もう1つは、コストに対する成果の側面です。社会保障行政が創出する成果とは、本質的には1人ひとりの安心や安全という社会の持続性・安定性を指します。それは人生のライフサイクル、さらには世代をまたいだ超長期スパンでしか確認できないため、今この瞬間のコストの妥当性を、成果に照らして検証しにくいという難しさがあります。

　それゆえに、比較的「わかりやすい」目の前の行政コストの多寡に矛先が向きがちになります。行政事業や職員数などの個々の費用項目を詳らかにしていかに減らせるかの議論に終始し、結果的にコストのゼロサムゲームになってしまっています。これが、セーフティネットとして市民を救うことがミッションでありモチベーションでもある行政組織と職

員を逆に縛り付ける制約にもつながっています。

　この状況を打破するためには、根本的なゲームチェンジが必要です。それは、コストをいかに抑制するかというゲームから、1人ひとりの安心・安全へ寄与するというバリューにどう貢献するか、それを通じて社会保障費全体の中長期的なROI（投資対効果）や付加価値を上げるかというゲームへの転換です。

　百人百様の人生100年時代を前に、社会保障の本質は、セーフティネットを発動する必要がないように予防すること、そのために1人ひとりの人生設計に寄り添い、必要なケアとアドバイスを行うことにあります。それこそが社会保障が志向すべきバリューであり、社会保障費を適正化し行政の抱えるジレンマを解消する近道でもあります。バリューに貢献するために社会保障の仕組み全体をどう持続し改善していくか、そのための変革を迅速かつ柔軟に打ち出していくことが必要です。

　この今後の社会保障が目指すべき方向性＝「社会保障戦略」に立脚し、社会保障行政を変革していく鍵が、本書に述べるDXであり、データとテクノロジーに支えられた人間中心のHuman Servicesです。これこそが我われが本書で伝えたい「社会保障DX戦略」の本質であります。

■求められる「私」に寄り添うサービス

　68ページで紹介したAccenture Technology Visionでは、1人ひとりにフォーカスした体験を最新のテクノロジーで実現することが、革新的なサービスやビジネスモデルの源泉になっているととらえてきました。たとえば「Get to Know Me」や「My Market」としてビジネスにおいて「私」という個を知ることについての重要性に、「The I in Experience」や「AI and Me」として個の体験やAIと協働する個人に注目しました。最新のTechnology Vision2021では「I, Technologist」として誰もがテクノロジーを携えて変革に寄与することや、「From Me to

We」として「私たち」がつながることの重要性を提示しています。

　社会保障の文脈においても「私」の重要性は変わりません。社会保障（Social Security）として市民の生活の安全・安心を守るために、１人ひとりの「私」に寄り添うサービス（Human Services）が必要です。この具体的な内容を要素分解すると、次の３つで構成されると考えます。

・１人ひとりの実情や困りごと、ニーズに応じた支援を受けられる
・誰もが、助けが必要な「今このとき」に的確に支援を受けられる
・「今このとき」だけでなく、１人ひとりの生涯にわたって、必要な支援が継続的に受けられる

　労働と年金、つまり生涯の生計をどう立てるのかという点に限定しても、「生活に困らないための職をどう得るか」「将来に向けてどういうキャリアプランを描くか」「老後どう生計を立てていくか」「子育てや介護、病気や障害など、働けなくなったときにどうすればよいか」など、１人ひとりのライフステージや環境によって、困りごとの内容もタイミングも全く異なります。こうした百人百様のニーズに応え、先の３つの要素を実現すれば、市民が安心して日々の生活を営み、変わりゆく社会のなかでも新たな挑戦に臨める環境を作れます。行政側にとっても、テクノロジーの力で雑務から職員を解放し、より直接的に市民に貢献できる仕事においてデータを基に科学的に判断し成果を生み出す、外部パートナーとも連携して素早い支援を実現し社会へ還元するなど、より市民に寄り添った行政サービスを提供できるようになると考えます。

　これを実現するために、社会保障の将来像としてのエコシステム型のデリバリーモデルの４つの鍵、「エコシステム型パートナーシップ」「データ主導」「テクノロジー駆動」そして「共感・共創・共有の市民コラボレーション」に即して、官民の最新事例に触れながら、実現できるサービスと、社会保障行政の働き方変革を浮き彫りにしていきます。

社会保障エコシステムと
「黒子」のお役所

■パートナーとともにエコシステムを作る

　初めは、新しい社会保障デリバリーモデルを支える第1の鍵、「エコシステム型パートナーシップ」についてです。このSectionでは、行政だけでなく外部の多くの団体や企業、個人と相互に連携しながら社会保障行政サービスを提供している事例として、ドイツの取組みを紹介し、社会保障行政におけるエコシステム型パートナーシップのイメージを具体化しつつ、そのなかで行政が果たすべき役割を紐解いていきます。

　また、アクセンチュアが提唱する「プラットフォームとしての行政（Government as a Platform：GaaP）」というモデルを用いて、今後の行政のデリバリーモデルの進化形態についても提示します。

■Integrated Virtual Labor Market
　～ドイツ労働市場を支えるバーチャルプラットフォーム

　社会保障プラットフォームを労働領域で実践しているケースとして、ドイツの事例を紹介します。

　冷戦終結に伴う東西ドイツの統一後、長らく高い失業率が社会問題となっていたドイツでは、長期スパンでの失業率引き下げや硬直した労働市場システムの修正を目指した通称「ハルツ改革」が推進されました。この取組みは失業率への対応のみならず、ドイツの経済発展とEU内に

おける優秀な人材獲得を目指す「War for Talent」という戦略的意図も併せ持っています。

　この改革の中核を支えた施策の1つが、「IVLM：Integrated Virtual Labor Market」と呼ばれる統合的な労働市場を実現する新しい社会基盤の導入で、連邦雇用庁とアクセンチュアが協同してこれを推進しました。

　IVLMの最大の特徴は、官と民の扱う求人・求職情報が一元的に管理されている点です。求人・求職のマッチング、就職・転職支援のサービスは民間にも広く開かれたマーケットになっています。そのなかで、利益追求と市場競争の原理が働く民間系サービスと比較すると、行政によって公的に管理される求人情報は比較的低スキル・低賃金のものが多くを占めていました。このため、連邦雇用庁が提供するサービスの利用率も低く、高い失業率の雇用環境に対して貢献できていないという課題を抱えていました。

　そこで連邦雇用庁では、公的に管理する求人情報に加えて民間が扱う求人情報にも同時にアクセスできる環境を用意することで、まずはサービスの利用率向上を狙ったのです。民間が保有する高スキル・高賃金な案件も含めた、市場全体の約70％の求人へ、IVLMを通じてワンストップでアクセスできるようになりました。利用者のニーズに沿う案件が増えた結果、利用の裾野が広がり、改革前に比べて利用率が3倍に高まりました。

　また、あらゆる手続きがデジタル化されている点も特徴的です。求職する市民が、求人検索から応募に至るまでの手続きをオンラインで完結できるようになり、より便利にサービスを利用できるようになりました。求人する企業側にとっても求人情報の登録から求人者との初期接点がすべてIVLM上でデジタルに完結できます。求職側も求人側も、利用者全体の利便性を向上するような仕組みになっているのです。求人・求職情

◇ IVLM による変化 ◇

公的部門が扱う情報範囲を拡大

仕事に必要なスキル（高スキル／低スキル・不要）

民間の対象範囲

連邦雇用庁が
カバーする範囲

従来の
カバー
範囲

低い賃金　　　　高い賃金

賃金(待遇)

公的職業紹介（IVLM）の利用率は3倍に

改革前
（2003年）
約25%

約3倍に
増加

改革後
（2008年）
約65〜75%

IVLMから全求人の70%へアクセス可能

ドイツの全求人情報

約70%

IVLMを使えば
全求人の**約70%**に
アクセス可能

報とこれらを中心とした手続きがすべてデジタルで取り扱えるように
なったことは、単に利便性を向上させただけではありません。労働市場
全体における求人側（買い手）と求職側（売り手）の双方の状況を可視
化することにつながり、利用者双方に情報の対称性が確保された透明性
の高いマーケットの実現にも寄与しています。

　労働市場全体をデータに基づいて俯瞰的にとらえられるようになった
ことは、行政、すなわち連邦雇用庁の職員の役割と働き方にも変化をも
たらしました。

　対求職者＝市民向けには、まず、高スキル・高年収などいわゆる高プ
ロファイルな求職者に対して、なるべく求職者のセルフサービスでマッ
チングが完結することを目指しました。そのために、ビッグデータ活用
によるプロファイリングやスキルマッチング、ランク付けと定量評価、
求人のレコメンデーションなど、求職者が自らのスキルや経験に応じた
求人を見つけられるように随所に便利な工夫がなされています。逆に、
就業困難者などより手助けを必要とする求職者については、ベテラン職

員による手厚い介在などの人的サポートへより大きくシフトさせました。ドイツ全体の失業率低減というゴール達成に向けて、行政リソースを最適配置し、求職者1人ひとりの「私」にあった案件紹介や就職相談に応じられる仕組みに変革していったのです。

　また、求職者に対して、労働市場において自分のスキルがどのように評価されているかをフィードバックして、市民にギャップを自覚させることを実施しています。これによって連邦雇用庁の職員側も、マッチングが不調に終わった場合の理由や原因を分析し、1人ひとりに必要なスキルを提示したり、その習得のための研修プログラムを提示したり、有効なアクションに結びつく働きかけが可能になりました。
　さらに、実際の求人情報に基づいたスキル需要情報を、就職予備校や社会人スクールなどの民間事業者にも還元することで、マーケットが求める研修コンテンツやカリキュラムを開発する際のインプットしてもらい、求職者・失業者を民間側からも適切にサポートできるようにする取組みを進めています。

　対求人＝企業側にも、職員の役割が大きく改革されています。業界知識を持つ職員が担当企業を訪問し、マーケットニーズを踏まえた求人情報を積極的に掘り起こして求人案件化を促したり、求人情報のIVLMへの登録において企業をサポートしたりするなど、まるで転職エージェントのセールスマンのように、市場の活性化に対して積極的な働きかけを行うようになりました。またIVLMを通じて得られる統計情報を駆使して、需要の高い、または将来の増加が見込める職種・スキルを分析。教育機関の担当者に対する情報提供や職業フェアの開催を通じて、企業と市場が求める人材の育成と供給を促す側面にもアプローチし、マッチングと就職率を高め、市場全体の健全化に貢献するようなアクションをとっています。

◇ IVLM による情報の統合 ◇

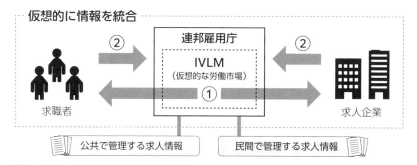

①透明性の高い統合的な労働市場

- 官民の求人・求職情報を統合することで労働市場全体を俯瞰可能
- 情報の対称性が確保され、いわば売り手と買い手が双方に可視化される

②ワンストップでのサービス提供

- 求人検索から応募までの手続きをすべてデジタル化（企業側の手続きも同様）
- 高プロファイルの求職者に対しては極力セルフサービスでマッチングを完結（逆に就業困難者に対する人的サポートを最大化）

◇ IVLM によるミスマッチの解消 ◇

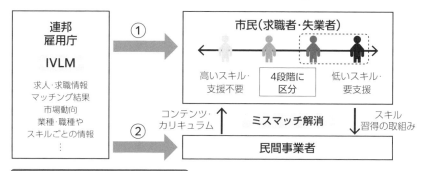

①市民へのミクロ情報還元

- マッチングが不調に終わった場合にはその欠格事由が還元
- 1人ひとりに必要なスキルや習得のための研修プログラムも提示
- 市民は個別のミスマッチ情報に動機付けされる形で自身のスキル習得へ

②民間事業者へのマクロ情報還元

- 実際の求人情報に基づいたスキル需要が還元される
- 民間事業者はそれらに応じて適切な研修プログラム等のコンテンツやカリキュラムを開発可能

このように、IVLMによって労働市場全体が可視化され、俯瞰的な需要と供給のバランスとそのトレンドを見られるようになったことで、産官学が労働市場に対して多方面かつ予見的に対応できる土壌が生まれたわけです。

　IVLMが実現しているのは、従来の行政が担っていたような、企業から出された求人情報を右から左へ登録し、求職者のリクエストに応じて紹介するという需給のマッチング「作業」ではありません。求人・求職情報を統合管理するプラットフォーム（基盤）を提供しながら、求職者と求人企業という従来のプレーヤーに加えて、教育機関や関連する民間事業者を巻き込んで、「需給マッチングの最大化」「労働市場の健全化」にフォーカスした巨大なパートナーシップが形成されているのです。そのなかで連邦雇用庁は、サービスフロントとして転職窓口に立つだけではなく、あるときは転職エージェント、またあるときは求人営業のように、それぞれのプレーヤーの働きを助け、側面から支援することでエコシステム型プラットフォームを機能させています。まさに演劇舞台における「黒子」のような働きがポイントになっているのです。

　連邦雇用庁では10万人の職員が、ドイツ全域の170拠点で働いています。日本の厚生労働省が約3万人に留まるのと比較するとマンパワーの違いは明らかでしょう。人員規模以上に注目すべきなのは、労働市場全体に積極的に働きかけ、かつ成果を上げるのだという意志を持って組織機能を定義したうえで、これだけの「黒子」部隊を抱えるという資源配置を、日本と同じく行政コストの削減プレッシャーがあるなかにおいて戦略的に採用している点です。

　これまでの取組みを通じて様々なプレーヤーを巻き込み、軌道に乗り始めたIVLMの今後として、連邦雇用庁は、利用者である求職中の市民に対してより便利なサービスを提供しようとしています。高校や大学との連携を進め、新卒で就職するタイミングから個人別のキャリア相談や

◇ IVLM による労働市場での産官学の連携 ◇

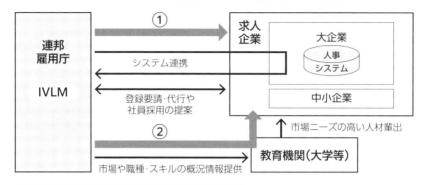

①潜在的な求人情報の発掘と情報登録の啓発

● 業界知識を有する職員が担当企業を訪問し、求人の掘り起こしとサポートを実施
  ・ 大企業の人事システムと連携した即時性の高い求人情報の収集・蓄積
  ・ 求人の IVLM への登録要請及び登録代行、企業の業績や市場見通し等を勘案した採用提案（カウンセリング）

②需要の高いスキル人材育成を提案

● IVLM から収集したマクロ情報や各種統計（人口動態等）情報等を駆使して需要が高い（または将来高まる）職種やスキルを分析
● 教育機関の担当者に対するトレーニングや職業フェアの開催を通じて、企業（労働市場）が求める人材供給をサポート

◇ プラットフォーム型行政に向けた動き ◇

91%
プラットフォーム型の行政モデルが必要

公共機関幹部のほとんどが、「プラットフォームベースのビジネスモデルを導入しデジタルパートナーとのエコシステムを活用すべき」と回答

50%
エコシステムがサービス開発速度を向上

公共機関幹部の半数が、「デジタル・エコシステムへの参画によってソリューション開発のスピードと俊敏性が高まる」と回答

> 民間でのプラットフォーム型ビジネスモデルの台頭を背景に、公共機関でもまたデジタル・エコシステムの活用とプラットフォーム型モデルへの移行が動き始めている

コーチングを提供し、その後社会に出てからも、離職・失業を防ぐだけでなく、プロフェッショナルなキャリア形成を支援できるような継続的サポートを行う、言わばプロアクティブで、生涯にわたる「Life-Long Coach：生涯キャリアコーチ」です。

IVLMというプラットフォームと、これに参加する連邦雇用庁、人材紹介企業、学校、求人企業、求職者のあり方は、日本における社会保障プラットフォームとエコシステム型パートナーシップのあり方についての非常に有益な参考材料になると私たちはとらえています。

■Government as a Platform

IVLMのようなエコシステム型のパートナーシップ形成の事例は決して特別なものではありません。アクセンチュアの調査では、公共部門が民間部門のパートナーを探すケースの増加が明らかになっています。

各国の公共サービス分野の幹部のほとんど（91％）が「プラットフォームベースのビジネスモデルを導入してデジタルパートナーとのエコシステムを活用していくべきだ」と回答。各国の公共サービス分野の幹部の半数は「デジタル・エコシステムへの参画によってソリューション開発のスピードと俊敏性が高まる」と回答しているのです。行政サービスをエコシステム型プラットフォームへ転換する期待が高まり、現に、官民のパートナーシップの形成は様々な場面で進展しています。

こうした背景も踏まえ、アクセンチュアでは行政サービスの新しいデリバリーモデルとして、デジタルの活用や民間との協働によって市民によりよいサービスを提供していく「プラットフォームとしての行政（Government as a Platform：GaaP）」という考え方を提唱し、次の4つの形態をモデルとして定義しています。行政サービスの目的や状況、現在の技術レベルや推進能力など、それぞれの国や機関の実態に合わせて

適切なあり方を選択することになりますが、4つのモデルは順を追うごとに、より高度な課題解決やサービス提供を可能にします。

1．ガバナンス主導型プラットフォーム

行政サービスを総合的に提供するプロバイダーとしての役割を行政機関が担うモデルで、従来型の行政サービス提供の形に沿ったものです。この形態では、行政機関自身が様々な行政の情報とサービスを一元的に管理し、市民や民間企業は、行政機関から提供される個別アカウント（日本で言うマイナポータルなど）を通じてサービスにアクセスできます。デジタルサービスや公共サービスの変革に対して、政府が包括的な責任を明確に持つことを志向する場合に想定されるモデルです。

たとえば、イギリスの「Government Digital Service（ガバメント・デジタルサービス）」やオーストラリアの税務局では、行政が一括したデジタルサービス・プラットフォームを提供して運用。ノルウェーでも「Altinn」というプラットフォームを通じて、公共サービスのクラウドソーシングをはじめとする民間企業と市民の協働を推進しています。

2．ピア型プラットフォーム

2つ以上の行政機関が連携して、共同もしくは類似のサービス提供を目的に垂直統合されたサービス・プラットフォームです。ピア型では、関連する行政機関の連携によって、人材やデータ、サービス提供するためのシステム資源の重複を排除して効率化できます。特定の公共サービス分野において、より広範なデータの相互共有とより大きな市民へのアプローチを志向する場合に想定されるモデルです。

たとえば、中小企業の支援など特定の行政分野において、行政のデジタルサービス提供のために複数機関が利用できる共通的なプラットフォームを構築。そこに政府と地方自治体といった複数の行政機関の参画を促すことで、縦割りサービスの改善を狙う仕組みです。

社会保障DXが実現するもの ～「私」に寄り添うデジタル・エコシステム

3．エコシステム型プラットフォーム

　行政機関による民間企業との協働や共同サービスを提供するための、成果重視のオープンプラットフォームです。エコシステム型は、若者の失業問題や職業訓練など単一のプレーヤーでは解決が難しい複雑な行政課題に対して、民間企業や非営利組織をはじめとする外部のプレーヤーやコラボレーターとの協業を通じて、これまで行政の支援が及ばなかった層まで支援の手を届け、課題解決を志向する場合に目指すべきモデルと言えます。この形態で行政機関が担うのは、エコシステム全体の設計者や指揮者（推進役）、あるいはプレーヤー間のハブ（調整役）としての役割です。本書で提唱している「社会保障行政をエコシステム型デリバリーモデルへ変革するコンセプト」は、このモデルへの転換がポイントになります。それによって市民の生活に密着した問題を扱い、目まぐるしい社会の変化に絶えず対応していく柔軟性と敏捷性を獲得できるようになるからです。

4．クラウドソーシング型プラットフォーム

　行政がオープンに市民や民間企業、ほかの行政機関、NGOなどの不特定多数からサービスや協力を募るイノベーション重視の協働的なアプローチで、エコシステム型の発展型と言えます。クラウドソーシング型においても、行政機関はエコシステムの設計者や指揮者、ハブとしての役割を担いますが、参画する各プレーヤーやコラボレーターの役割は明確に定義されません。このプラットフォームは、行政が全く新しい、極めて複雑な課題に直面し、市民と一緒に革新的なアプローチによって問題を解決していきたい、アイディアや専門知識を外部に求めたいと考えるケースに最も適しています。

　例として、米国国際開発庁（USAID）による「エボラ熱グランドチャレンジ」や、国連難民高等弁務官事務所（UNHCR）による難民の生活改善に向けたアイディアを募るオープンプラットフォーム「UNHCR

◇ プラットフォームのイメージ ◇

ガバナンス主導型プラットフォーム

行政サービスを総合的に提供するプロバイダーとしての役割を行政機関が担うプラットフォーム

ピア型プラットフォーム

２つ以上の行政機関によるサービス中心の垂直統合されたプラットフォーム

エコシステム型プラットフォーム

行政機関による民間企業との協働や、共同サービスを提供するための、成果重視のオープンプラットフォーム

クラウドソーシング型プラットフォーム

行政がオープンに市民や民間企業、他の行政機関、NGOと連携するイノベーション重視の協働的なアプローチ

Ideas」などが挙げられます。

　プラットフォームとしての行政のあり方については、世界中の社会保障領域におけるリーダーシップが集まるInternational Social Security Association（ISSA：国際社会保障協会）でもアジェンダに取り上げられ、こうした対応が急務のものとして議論されています。日本においても決して遠い将来の話ではなく、今求められている変革ととらえ、取り組むべきでしょう。

「粒」のデータが紡ぐ
人生100年時代の社会保障

■「データ主導」で新たな価値を創出する

「データは21世紀の石油である」と言われるように、昨今の社会経済の変革とイノベーションを駆動しているのはデータの力であることに疑問の余地はありません。そして様々なイノベーションを生み出している「デジタル」の本質は、データにこそあるとアクセンチュアは考えます。「デジタル」とは、もともと電気工学などの分野で、音や交流電流などの連続した量（アナログ）を量子化・離散化すること、つまり、飛び飛びの「粒」の値で処理することに由来している言葉です。ビジネスの世界に置き換えれば、顧客の性別や年代のような大きな塊（マス）のカテゴリで対象をとらえ対処するしかなかったこれまでの状態をアナログとすれば、真に1人ひとりの「粒」の状態をとらえて、その特徴に応じて打つべき手を繰り出すのがデジタルと言えます。それを可能にしたのが、1人ひとりの「粒」に関する膨大なデータを、そのまま記録し、参照し、活用できるようにしたテクノロジーの進歩なのです。

　この「粒」のデータの利活用が企業の競争力を高めるように、行政機関も「データ主導」で業務やサービスのあり方を変えていくことで、1人ひとりのニーズに応える支援サービスや、内外のパートナーと連携した1つのエコシステムを実現できるのです。「21世紀の石油」としてのデータからいかにして価値を産み出すのか、The Power of Dataの具体的な実現例を通じて見てみましょう。

このSectionでは、最初に会津若松市において開発された様々なサービス開発の事例を通じて、行政が保有するデータが潜在的に持っている可能性の大きさを確認するとともに、市民を巻き込む重要性を見ていきます。次に、ノルウェーの年金領域における事例とシンガポールにおける国民ポータルの事例を通じて、官民に散らばったデータを集約することで生み出せるイノベーションの可能性と、ユーザー中心の発想に基づくデータ活用のあり方について検討。最後に、視点を行政内部の仕事のあり方に向けて、アメリカとイギリスの事例からデータアナリティクスによってもたらすべき行政の仕事の価値転換について示します。

■市民と行政をデータがつなぐデジタル情報プラットフォーム「会津若松＋（プラス）」

　福島県会津若松市では、他地域に先行し「標準化」というキーワードのもと、スマートシティの取組みを推進しています。この取組みに、アクセンチュア・イノベーションセンター福島も積極的に関わってきました。

　市などが持つデータを「会津若松＋」というプラットフォームで利活用できるようにし、様々なプレーヤーの利用を促すことで市民の利便性向上に繋げています。「データは市民のもの」という考え方をベースにして、市民から明確な同意（オプトイン）を前提に必要なデータを利活用しながら、行政のデータと参画する民間企業のデータを統合し、あるいは組み合わせて、市民中心（Human=Citizen Centric）のサービスを充実させています。

①行政・地域情報をレコメンド型で提供するポータルサイト

　まず、このプラットフォームの名を冠するポータルサイト「会津若松＋」を通じて、市民の属性（年齢、性別、家族構成、趣味・嗜好等）に

応じてパーソナライズされた情報を届けています。たとえば、子育て中の保護者には、必要な行政手続きや子育て関連イベント、保育施設などの情報を、移住してきた若者には、市内の行政機関や観光・イベントなどの情報を、シニア層には、生涯学習や高齢者福祉などの情報を提供するサービスになっています。SNSとも連携し、FacebookやGoogleなど民間サービスのIDでもアカウントを作れるため、自分の登録した情報に応じた様々なおすすめ情報を受け取れます。

②母子健康情報サービス

　母子健康手帳を電子化し、スマートフォンやPCで閲覧などができるサービスです。市のシステムには、母子健康手帳に記載しておく子どもたちの検診や予防接種の履歴等のデータがすでに蓄積されています。とはいえ、データが利用可能な形で開放されていないため、保護者は紙ベースの母子健康手帳で自己管理をしていました。そこで同市は、マイナンバーカードなど本人が認証できるログイン方式により、母子健康手帳に関わる情報をオンラインで受け取れるセキュアな仕組みを構築しました。市が把握している予防接種や受診日時の記録、次の受診予定のお知らせをアプリで簡単に通知してもらえるため、受診のタイミングがわかりやすくなり、子どもの健康管理をしやすくなったと市民から評価され、子育てに忙しい保護者を助けるサービスとして利用されています。

③学校情報配信アプリ「あいづっこ＋（プラス）」

　各学校では公式のホームページを開設し、学校を紹介するようなコンテンツを掲載していますが、これを保護者が毎日見るまでには至っておらず、また、子どもを経由して保護者に配付している「おたより」では、出し忘れなどにより連絡事項が伝わらない、ということもあります。これをデジタルで置き換えるべく、子どもの学校や学年などの在学情報を登録するだけで、学校側からのお知らせをプッシュ通知で受け取ったり、

カレンダーアプリに行事の予定を登録できたりするようなサービスを提供しています。

④除雪車ナビ

　福島県内でも新潟県寄りに位置し、内陸盆地にある会津若松市は、冬場は日本海側の気候となり、降雪の多い地域です。このため、冬の市民生活には行政による除雪サービスが欠かせません。数に限りがある除雪車によって効率的に道路の除雪を行っていますが、この場所に何時頃に除雪車がやってくるのかは市民にはわかりません。そこで同市は、GPSを搭載した除雪車の位置情報や移動履歴をリアルタイムで閲覧できる「除雪車ナビ」のサービスをリリース。降雪状況によって時々刻々と変わる除雪車の運行状況や通過ルートがわかり、市民からも好評です。

⑤予防医療システム

　予防医療の推進と健康増進を目的としたIoTヘルスケアサービスの構想もアクセンチュアで進めています。医師による電子カルテ入力や患者情報の検索にAIによる音声入力を活用することで、業務効率を大幅に改善し、医師が医療行為に専念できる環境を創出しようとする取組みです。標準化された記録データによって分析効果の期待できる質の高いデータベースを実現することを目指しています。

　紹介したサービスのほかにも、観光サイトをただ多言語化したものではなく、閲覧者の国籍を踏まえた嗜好性や、選択言語、訪問時期に応じて異なる観光コンテンツを提示するインバウンド向け観光サイト「VISIT AIZU」や、LINEを活用して休日・夜間診療やごみ出し、新型コロナに関する情報などの入手が可能なAIチャットボットのサービスなど、このデジタル情報プラットフォームが大いに活用されています。
　「会津若松＋」は、様々なデータとサービスが連携できる「基盤」であ

り、まちで生活していくうえで欠かすことのできない基盤、いわゆる「都市OS」とも言えるものを目指しています。このようにオープンで標準化された基盤があれば、特定のベンダーに依存することなく、自由に新しいサービスが作られ、ほかの自治体と相互に横展開することで、迅速かつ低コストで利用することもできるわけです。より多くの地域が連携すればするほど、広域的に持続可能な力強い地域社会の構築につながっていく、まさにデジタル・エコシステムの実現を目指した取組みなのです。

　もう1つ特筆すべきは、これらのサービスは、自治体がすべて一方的に提供しているのではなく、民間企業や参加する市民自らも同意したうえでサービスやデータを提供する形で進められており、前述のエコシステムを形成している点にあります。民間企業もこのプラットフォームが提供する機能や蓄積されたデータを活用することで、自らが提供するサービスそのものに開発を集中できるため、時間とリソースが短縮され、よりよいサービス構築につなげられるのです。

　なお、市民が個人情報を提供することに対して抵抗感を持っていると懸念する行政機関は少なくありません。しかし、アクセンチュアのグローバル意識調査によると、市民の84％（日本は79％）が「より自分に合った、パーソナライズされた公共サービスが得られるなら、行政機関に対して個人情報を共有しても構わない」と回答しているのです。さらに41％（日本は20％）は「公共サービスが向上するのであれば、個人情報を複数の行政機関で共有してもよい」と回答しています。スマートフォンアプリなど民間サービスに、自分のデータを連動させることで、すでに便利な生活を経験している市民は、行政側が考えているよりもずっと前向きにとらえているのです。市民の理解と同意（オプトイン）を前提に、新しい公共サービスを検討する余地は、これからもっともっと生まれてくるでしょう。

◇ デジタル情報プラットフォーム「会津若松＋」 ◇

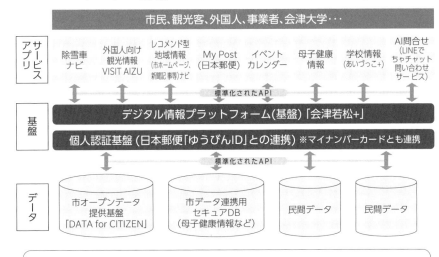

市や地域からの情報提供の共通基盤を整備することで、これと連携する様々なアプリケーションの開発・機能拡張や、市民や外部に向けたオープンデータ提供基盤（DATA for CITIZEN）等との連携を可能としている

◇ 個人情報の提供に対する意識調査の比較 ◇

84% Global
79% Japan

より自分に合った、パーソナライズされた公共サービスが得られるなら、行政機関に対して個人情報を共有しても構わない

41% Global
20% Japan

公共サービスが向上するのであれば、個人情報を複数の行政機関で共有してもよい

(出典) アクセンチュアのグローバル意識調査。日本、オーストリア、オーストラリア、カナダ、ドイツ、フィンランド、フランス、英国、ノルウェー、シンガポール、米国の 11 か国の 18 歳以上の市民 6,501 人を対象に 2019 年 9 月～10 月に実施。https://newsroom.accenture.jp/jp/news/release-20200316.htm

アクセンチュアの調査から、スマホアプリなどに自分のデータを連動させることですでに便利な生活を経験している市民は、行政側が考えているよりもデータ利用をずっと前向きにとらえている姿が浮かび上がる

■市民の一生涯を支える「ライフタイム・コンシェルジュ」

　続いて年金領域を例に、海外行政機関における先進的な事例を紹介しましょう。

　ノルウェーでは、日本と同じく少子高齢化が国家課題とされ、老後生活を支える公的年金制度に対する改革が社会的にも求められてきました。日本の年金制度と同様の世代間扶養方式をとっていますが、老齢世代人口の増加が今後さらに進行することで、2050年までに年金受給者が全人口の40％にまで増加し、1人の年金受給者を1.6人の現役世代が支える形になると予想されており、年金制度や老後生活に対する不安や懸念が市民の間で広がっています。こうした事態に対処すべく、2005年にノルウェー議会は包括的な福祉制度改革を実行する5年間計画を法制化し、ノルウェー労働福祉局（Norwegian Labour and Welfare Administration：NAV）が改革実行を担うことになりました。

　この改革のなかで、NAVはこれまで組織の中に散らばっていた年金加入者（被保険者）や受給者の情報、制度加入や保険料納付・受給の記録に関わる無数のデータ群を一元的に統合することで、煩雑だったNAV職員の業務を大幅に改善しました。同時に、年金加入者である市民に対しても便利なサービスを提供できるようになったのです。

　その最たる例が、年金ポータルサイト「Din pensjon」（ノルウェー語で「あなたの年金／Your Pension」）の立ち上げです。日本年金機構の「ねんきんネット」に近いこのサイトでは、年金にまつわる様々な申請手続きをセルフサービスで行えます。従来の郵送では処理されるまでに約3か月を要していた手続きが数分で完了するほど劇的に効率化されました。また、NAVが管理している情報だけでなく、税務機関や他の行政機関、さらには民間の保険会社など金融機関の情報までも統合されています。このため、ノルウェーの人々は、「これまでの記録はどうなっているのか」「これまでの加入実績なら将来いくらもらえるのか」「不足

や不安がある場合、追加でどういう手を打てるのか」「民間の年金制度で何か利用できるのか。その場合はいくらもらえる試算になるのか」といった自分の生涯にわたる年金タイムラインを自分で理解し、検討や試算を基に計画を作りながら、NAVとの相談やコミュニケーションもワンストップでできるのです。言わば一生涯を支えてくれる「ライフタイム・コンシェルジュ」のようなサービスを提供する場となっています。

　日本の年金制度に落とし込んで考えてみましょう。日本では、20歳になると国民年金に加入し、会社や役所勤めが始まれば厚生年金へ加入、働きながら保険料を納め、65歳から年金受給を開始。本人が80歳で亡くなっても扶養者への遺族年金がさらに続く。これが一般的です。

　人生100年時代の到来を前にしてすでに、年金に関わるデータは100年単位での個人の生涯を紡いだ膨大な記録の集合体です。この100年間に、どこに暮らし、どんな仕事をしていくら稼ぎ、転職や独立をしたり、結婚して子どもを授かったり、ときには離婚したり、配偶者と死別するケースもあるでしょう。まさに個人の「ゆりかごから墓場まで」（実際には亡くなったあとまでも！）のビッグデータが、1938年の船員保険法成立から現在に至るまで、行政機関には蓄積されているのです。

　日本年金機構に加えて、国民年金基金や企業年金連合会、個人型確定拠出年金iDeCoをはじめとする年金・資産形成商品を提供する保険会社や証券会社などの民間金融機関が有する情報までを組み合わせれば、年金保険料の支払い状況や年金給付予定額だけでなく、全国民の仕事の遍歴、生涯の記録という宝の山とも言えるビッグデータがストックされているわけです。この"年金スーパービッグデータ"を活用して、何をするべきでしょうか。

　金融庁が2019年に発表したレポート「高齢社会における資産形成・

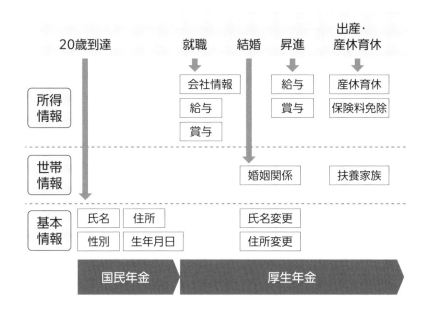

◇ 年金制度にまつわる記録情報イメージ ◇

管理」において、「老後資産として2,000万円不足する」と報告されました。一部誤解や誇張をはらみつつ、その衝撃とともに世間で話題になりましたが、少子高齢化に伴う年金財政への懸念、そこから来る老後生活への漠たる不安は根強く日本社会にこびりついています。そんな市民の懸念や不安を払拭するのが、年金行政に求められている役割ではないでしょうか。

　安心・安全な暮らしを支えるためにビッグデータを活用して、年金情報、つまり老後の生活設計とそれに向けた資産形成の情報を一元的に提供しながら、市民1人ひとりが志向する生活様式とニーズを踏まえて、「どういう年金・保険・金融資産を組み合わせるべきか」を提案するファイナンシャルプランナーのように常に市民に寄り添い、いつでも相談できる体制を整えることが求められています。

　また、統合されたデータを、市民の承諾を得たうえで、民間にもアク

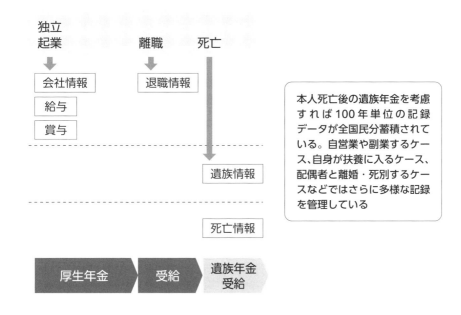

セスを解放することで、1人ひとりの将来にとって最適な保険や資産運用のサービスを若年層の段階から提案できるようになるなど、自らに合ったものを見つけられる多様なサービスのエコシステムを作ることができ ます。結果として、市民へのサービスレベルの向上につながるのではないでしょうか。

■公共・民間に跨がるデータの垂直水平統合
シンガポールの「MyInfo&SingPass」

シンガポールは、みなさんもご存知の通り、東南アジアの小規模な都市国家ですが、その規模ゆえに、行政機関においても様々なデジタルサービスの導入と展開を積極的に推進してきた国です。

もともと1990年代後半から、シンガポール中央積立基金（Central

Provident Fund：日本の厚生年金制度に該当、以下「CPF」）やシンガポール内国歳入庁（Inland Revenue Authority of Singapore：日本の国税庁に該当、以下「IRAS」）などが独自のオンラインサービスを立ち上げ始め、やがてeCitizenポータルとして政府共通のオンライン行政サービスプラットフォームを構築していました。しかし、それはただのオンラインでの制度ガイドに過ぎず、コンテンツが難解で国民には理解しづらかったり、結局各機関が提供するいろいろなサイトへ行かなければならなかったり、決して使い勝手のよいものではなく、利用率は低迷していました。

　この状況を打破すべく、政府はサービスの利用実態分析やユーザー調査を実施し、改善する取組みをスタートさせました。既存サービスを刷新し、国民全員が政府や行政のサービスに真に便利にアクセスできる「スマートコンシェルジュ」に変えたのです。変革後1年で、65%のアクセス増加と、市民による検索成功率は3倍にまで高まりました。

　さらに、改善とイノベーションを継続してきたシンガポール政府は、現在、eCitizenを置き換える新たな行政サービス・プラットフォームを志向しています。2018年に「デジタルガバメントブループリント」を発表し、2023年までにすべての単一の政府サービスをオンラインへ移行し、かつ90～95%のやり取りはオンラインで完結するのが目標です。

　この完全デジタル・ワンストップ化を目指す政府方針を踏まえて、近年2つのサービスが導入され、日々拡張されています。1つは「MyInfo」と呼ばれる行政サービスと行政データ提供の統合プラットフォームです。ここにログインすることで、国民は政府や行政が管理するあらゆる自分の情報を統合管理できます。たとえば、住民基本情報なら、婚姻や家族情報、運転免許、パスポート、年金記録、資産情報、学歴、選挙などなど。さらには各データに関連した行政手続きを行うためのデジタルサービスも提供されています。特筆すべきは、統合された対象は行政機関が提供するサービスだけでなく、銀行、保険会社、クレジットカード

会社などの民間企業が提供するサービスも同じプラットフォームから利用でき、国民の生活に関わる手続きがここで完結するように工夫されている点です。

　こうしたワンストップ化を裏で支えるもう1つのサービスが「SingPass」。政府行政サービスへアクセスするための共通アカウントとパスワード管理の仕組みだったものを拡張し、60の機関への統合認証とアクセス管理を可能にしたものです。この仕組みにより、個々の機関が抱える機密情報を束ね、参照し、活用できる仕組みができあがっています。

　かつてはセキュリティ保護のために、専用の物理トークン[*1]やSMS[*2]による認証がいちいち必要でしたが、SingPassモバイルアプリによって個人アカウントを集約管理できるようになり、セキュリティと国民利便性を両立する仕組みが構築されました。なお、企業向けにも「CorpPass」が提供されており、個人と同様に企業経営や法制度を遵守するための必要な行政手続きがオンラインで対応できるようになっています。

　日本の個人番号、いわゆるマイナンバーは、このSingPassと同様の思想で導入された管理システムですが、これまで思うように機能していませんでした。政府による個人情報管理に対する抵抗感が反対意見としてよく取り挙げられますが、実態として、個々の行政機関での情報管理はすでに行われているという事実とのギャップもあります。むしろ、先にも紹介したアクセンチュアのグローバル調査の通り、日本人の8割が「より自分に合った、パーソナライズされた公共サービスが得られるなら、行政機関に対して個人情報を共有しても構わない」と考えていることの裏返しとして、マイナンバーによって具体的にどういう便利なサービスが受けられるのかがわからなかったことが普及の制約になっているのではないでしょうか。

＊２：「Short Message Service」の略。スマートフォンや携帯電話同士で短いメッセージを送受
　　信するサービス。ワンタイムパスワードによる２段階認証などに使われる。

　現在、菅政権の下で行政のデジタル改革が加速しています。マイナンバーを運転免許証や健康保険証、銀行口座と紐付けて、生活のなかの本人確認や行政手続きを簡易にしようという取組みがいよいよ動き出しています。ここで改めて強調しておきたいのは、単なる電子化やオンライン化が目的なのではなく、ユーザーのニーズ＝困りごとや求めていることを的確にとらえて、そこに必要な手助けを届けるために、個をとらえるデータを集約して活用するという、ユーザー中心の思想が常に起点になくてはならないという点です。これによって初めて、ユーザーが自分に必要な情報と必要な行政手続きが何かを正しく理解することができ、法制度上自分に課せられている義務を、自信を持って自ら履行できる（セルフサービス、セルフコンプライアンス）という「安心感」が生まれます。この精神的な安全性こそ、市民の率先した法制度・規定遵守を促すための非常に重要なファクターであり、さらには今後行政によるデータ利用をより促進させ、データ主導のデジタル改革を後押しする大きな原動力になるに違いないと考えています。

■データで予測し未然に防ぐ
　“データ・ドリブン”な社会保障行政

　Chapter1で述べたように、日本の社会保障は、市民からの申請のアクションがあって初めてサービスを享受できる「申請主義」がベースになっています。「幅広い制度メニューを取り揃えています。これを利用するか否かはみなさんで判断して申請してください」という“待ちのスタンス”ですが、行政サービスの公平性を一定のレベルで担保するため

に必要な措置とも言えます。しかし、市民が自分自身で必要な制度や行政サービスを探し出して申請できるほど、日本の社会保障制度を熟知した人ばかりではありません。自分が置かれた状況に合った情報を得られず、制度の網からこぼれ落ちてしまう可能性があります。こうした人をどう救うのか。個々人の「自己責任」で片付けるのではなく、行政がどう支えることができるのか。先にも述べた新しい「公助」の役割を再定義することが、ここでも求められているのです。

　新たな役割を果たすためには、行政として対処すべき問題を早期に検知し、迅速に組織リソースを動かして対処し、事態の悪化を未然に防ぐ「プロアクティブ（先を見越した、積極的)」な動きが必要です。問題が起きてしまってから、あるいは事態が悪化してしまったあとに動く"待ちのスタンス"では、発生した影響を緩和し回復する手戻りや、正しい手続きでもう一度やり直す余計な仕事の発生を招き、職員側の負荷がかえって高まりかねません。仕事の"無駄打ち"を防いで時間とコストをセーブしながら、市民サービスを厚くし満足度を高めるという難しい舵取りが求められます。つまり、かけるべき労力と得られる成果の最適化です。

　それはどうすれば実現できるでしょうか。これまでは、熟練の職員が経験や「勘」、いわゆる組織の暗黙知や一子相伝のノウハウによってこなしていた面もあるでしょう。それを科学的に紐解き、再現性のある説明可能な論拠で判断を下し、すべての職員にベテランレベルの仕事ができるパワーを与えるようにするわけです。それこそがデータの力であり、私たちがビッグデータ・アナリティクスと呼ぶテクノロジーの力なのです。すべてがデータとして記録され活用できる現代において、かつすでに膨大なビッグデータを管理する行政機関にとって、これほど心強い味方はいません。

　こうした行政機関におけるビッグデータ活用の事例をいくつか紹介していきましょう。

■ビッグデータで乳幼児死亡を防ぐ！
アメリカ・オハイオ州のデータアナリティクス

　アメリカのオハイオ州には、ビッグデータ分析によって乳幼児死亡率を大幅に改善した取組みがあります。

　同州は、乳幼児死亡率が全米で最も高い州の1つであり、2017年の統計では1,000人中7人の乳児が1歳になる前に死亡していました。さらに、黒人の1歳未満の乳幼児死亡率が白人の3倍以上も高いという深刻な人種間格差も存在しています。同州はこれまでも、危険な状態が想定される母親に対して、トップダウン型で、ある種一方的に行動変容を促すような周知・改善プログラムを行ってきましたが、状況は改善できなかったのです。

　そこで、危険な状態にある母子に対する医療支援サービスを変革するために、同州関連機関の持つ31のデータセットと、ほかの連邦機関や公的機関、第三者機関などのソースを含む計200を超える膨大なデータセットを集めて、ビッグデータ分析に基づく取組みを開始しました。

　データセットには、子どもの死亡事例検証、保険請求履歴、そのほかの乳児と母親の健康に関する情報、教育・地域・環境・交通・経済的安定など健康を決定付ける社会的要因についての情報、さらにメンタルヘルスや公的給付に関する情報までが含まれています。アクセンチュアは同州と協力して分析チームを組成、これらの膨大なデータセットを収集・統合して分析することで、リスク・効果予測モデルを構築しました。

　まず、無数のデータセットを統合し、「360度ビュー」として、母子が置かれた現在の状態と関連行政機関や医療機関との接触履歴など、母子を取り巻く情報をまさに「360度＝全方位」的に一元把握できるベースを構築。これをデータサイエンティストが分析し、約25万人の母親についてのリスク評価と優先度付けリストを作成しました。そのうえ

◇ 母子分析レコード360度ビュー ◇

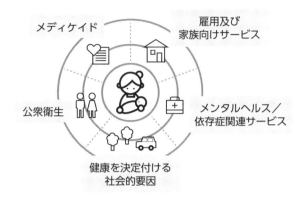

メディケイド

雇用及び
家族向けサービス

公衆衛生

メンタルヘルス／
依存症関連サービス

健康を決定付ける
社会的要因

> 母子を取り巻く情報を全方位から明らかにする360度ビュー。
> データを集め、つなげることで得られる示唆も多い

で、乳幼児死亡につながる様々なケースから階層的にリスクポイントを付与し、必要な行政サービスと医療介入のアクションが導けるようにしています。

たとえば、乳幼児死亡要因の1つ、未熟児早産のリスクを評価するために、特に死亡率の高い妊娠20週以下の早産リスクをさらに深掘りして評価しています。母親の喫煙の有無、婚姻状態、肥満度、SNAP（Supplemental Nutrition Assistance Program：補充的栄養プログラム）やWIC（Special Supplemental Nutrition Program for Women, Infants, and Children：女性・乳児・児童栄養補助プログラム）といった連邦や州政府が実施する母子支援や貧困層支援の栄養補助プログラム、メディケイド（低所得者向け医療支援）への登録の有無などを基に、死産リスクと死産回避効果を定量的に評価し、優先的に支援すべき妊婦を特定できるようになりました。こうした分析結果を、医療サービスの最前線で取り組む現場スタッフに、わかりやすいスコアカードとしてポータルサ

イト上で提供し、実情の把握と対象者の識別、適切なアクションの判断が円滑に行えるような仕組みも構築しています。

　また、オハイオ州全体の状態と、各種訪問履歴やその効果などの行政サービスパフォーマンスを可視化する「州健康評価ダッシュボード」によって、データというエビデンスに基づいた州全体の医療支援プログラムの策定を積極的に行っています。現在は、三大リスク要因としている「未熟児の保護」「安全な睡眠環境の確保」「薬物及びニコチンの曝露の緩和」に重点を置き、ヘルスケア提供者、家庭訪問スタッフ、コミュニティ組織、州機関スタッフなど多くの関係者が参画するなかで、彼らが地域レベルの課題を理解し効果的な医療サービスを提供できるように同州が支援しています。その際には、データを用いて現状とリスクを抑えながら、利用者の立場や感情をも理解し、利用者がサービスを受け入れ、安心した生活を送れるように、人間中心でのサービス設計アプローチを採用しているのもポイントです。

■すべての警官に「ジャービス」を
〜イギリスの"AI武装"警察

　イギリスのウェスト・ミッドランズ州の警察（West Midlands Police：以下「WMP」）は、モバイル機器とAIで「武装」した警官によって街の治安維持に貢献しています。さながら映画「アイアンマン」に登場する人工知能「ジャービス」が主人公トニー・スタークの戦闘をサポートするように、人とAIの協働によるハイ・パフォーマーな警察組織を体現しています（先に断っておくと、パワードスーツは登場しませんよ）。

　2015年に始まったWMPの業務改革は、近年増加しているDV（家庭内暴力）に類する被害を訴えにくいサイレント・クライムや、サイバー犯罪に対して、従来のような現場の頑張りに依存した警察行政では到底太刀打ちできない危機感から始まりました。現在そして近い将来警察に

求められるニーズと市民の期待に応え、かつ業務コストを削減するために、アクセンチュアと協力して、デジタルテクノロジーを活用したエビデンスに基づく予防的なアクションを実現しています。

　まずWMP内にデータ分析を主管するインテリジェンスセンターを設置。24時間365日体制の新チームが、WMPの保有するデータ分析と、現場警察官へのリアルタイムな「インテリジェンス（重要な情報）」提供を行っています。たとえば、過去の事件やその捜査に関するデータから、パターンや傾向を分析し、市街の状況や事案に対するリスクや捜査上のインサイト（洞察）を提供することで、犯罪捜査における示唆やヒント、根拠情報を示したり、犯罪抑止や被害抑制に機能する予防的アクションをレコメンドしたりなどです。これにより、希少な警察官リソースを適切に配置しながら、現場の意思決定の質向上に貢献しました。

　こうした情報は、3,000人以上の警察官に配備されている安全で拡張性の高いモバイルデバイスから参照でき、署内でも外出先でも簡単かつ迅速にデータへアクセスし、更新も可能です。無線利用の削減や情報検索に関する警察官の手間と時間の解放にもなり、業務コストの削減に寄与しています。また、常に警察官全員が同一の情報ソースを参照し、それに基づき業務に当たることで、ミスや誤解が減り、一般市民からの信頼・信用を高める結果にもつながっています。

　また、1,500台のボディ装着型カメラで常にデータを収集することで、精度の高いエビデンスによる事件の迅速な解決に結びつきました。常に裏付けとなる証拠を残せるため透明性と信頼性の高い捜査が担保され、警察官への犯罪被害予防やクレームの削減にも役立っています。

　さらに、犯罪と戦う本来の任務に専念できるように、デスクワークに費やす時間を抑える環境を実現しました。事情聴取の音声を書き起こしてファイルにバインディングしていた以前の状況を改善し、自動的にテキストデータ化できるシステムを導入したり、緊急性の低い通報には市民向けポータルサイトのウェブチャットで対応できるようにしたり、市

民のデジタル体験の改善と合わせて、警察業務の最適化を推進しています。

　オハイオ州とWMPの事例から、行政機関におけるデータアナリティクスの活用のポイントが2つ挙げられます。

　1つは分析から得られる示唆を用いて、行政機関による「予防」というプロアクティブな働き方を実現することです。

　たとえば、年金の保険料や税金の徴収業務においては、市民や企業からの届出や申告の内容に基づいて金額を決め、行政が徴収するのが基本の流れです。しかし内実は、事後の詳細な調査によって申請内容の不備や不正を検知して修正させたり、あるいは期日通りに支払えず滞納が発生したものへ対処したり、事後対応がメインの業務運営になっています。そのため、毎月のように数千、数万もの届出が提出されるなかで、職員の人手によって、すべてをチェックしたり、市民や企業の状況を常にモニタリングしたりするのは現実的ではありません。

　これに対して、届出や申告のデータ、調査や滞納整理の事務実績のデータを分析することによって、どういう人や企業にはどんなリスク（不備・不正リスクや支払遅延リスク）があるのかという過去の傾向から、将来を予測するパターンや特徴を抽出できます。これをインプットして対処すべき対象者を効率的に洗い出し、的確なアクションを取れるようにするのがデータアナリティクス活用の第一歩です。

　そこから業務の上流へ目を向け、届出や申請が出された瞬間にリアルタイムでリスク評価し、再確認や差し止め・差し戻しの判断をすれば、再調査や事後処理などの後続の対応工数が丸ごと不要になります。さらには、届出や申請が出される前に、事前に市民へリマインドしたり、必要な周知を個人別に行ったりすることで、そもそもの問題の発生を防ぐことも可能です。

　こうした問題発生を根源から断つようにリアルタイムまたは予防的に

◇ 行政手続きの"Shift Upstream" ◇

行政手続きの流れ

| 市民への周知・教育 〉 市民情報の登録・管理 〉 届出情報の審査・登録 〉 調査 |

セルフサービス・
セルフコンプライアンス

自動化

ビッグデータ・
アナリティクス

予防 - 入口で防ぐ

検知 - タイムリーに対処する

事後対応 - あとで調査し見つけ出す

- 市民1人ひとりが必要とする
情報に簡単にアクセスし、正
しく手続きを行える
- 問合せ対応は自動化し、いつ
でもどこでもアクセスでき
る（職員対応負荷も削減）

- 手続き発生・市民接点の瞬間
に、リアルタイムに分析し、
誤り・不正を検知する
- リスクに応じた自動処理や
職員対応などを使い分け、後
続への「取り逃がし」を防ぐ

- 調査に必要な膨大な情報アク
セスを効率化する
- 不正リスク分析や市民行動
予測など、データ分析で行政
職員の判断・アクションを助
ける

Shift Upstream

事後対応でなく、上流の早い段階で予測し予防する

> 後手に回ればそれだけ影響は拡大し、探し出す手数が余計にかかる。デー
> タを上手く活用して、予測し予防する "Shift Upstream（上流へシフト
> する）" の考え方が行政DXには欠かせない

業務と市民接点の上流で対処していく「Shift Upstream」の考え方は、グローバルの行政機関におけるトレンドにもなっています。これを実現するのがデータアナリティクスです。それを通じた抜本的な業務効率化を図りつつ、予測・予防的な措置によって市民自身でも正しく対応できるように促す「セルフサービス・セルフコンプライアンス」の実現にも一役買うことになります。

　2つ目は、こうした分析すべき対象データは、すでに行政機関内に蓄積されているという点です。私たちが相対するクライアントからも、「データ分析と言えばインターネットなどの外部データを使わねばなら

ない」という声や「思い込み」は少なくありません。しかし、ノイズも多く効果があるかどうかがわからない外部データより、組織内部に蓄積された宝の山を紐解くことにまずは注力すべきです。

オハイオ州でもWMPでも、他機関保有の様々なデータを活用していますが、分析の中心にあるのは「乳幼児死亡を減らすには誰から助けるべきか」「犯罪の端緒はどこにあるのか」「自分たちのどのサービスや支援、公的アクションが効くのか」など、常に自らの組織の業務やサービスに固有の事象をとらえることであり、コアとなるデータを持つのは間違いなく、自分たちの組織以外にあり得ないのです。ここが広く一般のカスタマーを想定する民間企業とは前提の異なる大きなポイントだと思います。

データ活用の成功の鍵は、次の4点に集約できると考えます。いきなりデータや最新ツールに飛びつくのではなく、自分たちの現在地と目指すべきゴールをしっかり見据え、今すでにある資産（まさに宝の山です！）を使ってクイックに始めていくことが、王道にして近道なのです。

① 自分たちの組織の何を解決したいのかというゴール定義をしっかりする
② 目標達成に資する業務や対象を示すデータからまず手をつける
③ 市民の属性・特徴や社会の事象をとらえる「補足」のデータとして、他機関や外部の公開データを使って成果につながるかを検証する
④ こうした段階的なアプローチで、「小さく始め、素早く展開する（Start Small, Scale Fast）」を徹底する

小さなデジタル大国、エストニアのデータ戦略
（文：滝沢　啓）

　世界一の「デジタル国家」と言われる東欧の小国エストニア。日本の政府や行政機関の関心も高く、その先進事例は広く知られるところですが、データ・プラットフォームの視点から、取組みの一部を紹介します。

　15歳以上のエストニア国民のほとんどが政府発行の個人IDカードを持ち、99％の行政サービスがデジタル化されています。書類が必要でオンラインでは完結できない手続きは、結婚、離婚、不動産売却の3分野のみ。ほかはすべてネットを通じてワンストップで利用できます。ちなみに、この3分野が未だに紙での手続きなのは、人生を左右する大きな決断を、簡単に（たとえば酔ったり喧嘩したりした勢いで）実行できないようにするために、あえて残しているのだそうです。つまり制度的・技術的には100％すべての手続きがオンライン化できる状態にあると言えます。こうした様々なデジタルサービスの基になっているのが「X-Road」と呼ばれるシステムです。

　X-Roadは、各行政機関で管理される住民登録、健康保険、年金、自動車などのデータベースと、テレコムや銀行などの民間企業のデータベース、さらにはインターネットを通じて市民向け・企業向けのポータルサイトとも接続する巨大なデータ連携基盤です。

　また民間企業やインターネットとも直接接続するうえで、強固なデータセキュリティの機能も実装されています。送受信されるデータはすべて暗号化とデジタル署名が施され、その内容の信憑性と完全性を保証し、「どこから申請され、どこで管理され、どこから参照されたのか」を網羅した記録が残されるようになっています。この基盤技術によって、かつては紙帳票でやり取りして確認していた情報連携が、圧倒的に効率化され、役所の紙などのコストを4分の1、窓口の人員を10分の1に削減。

エストニア行政職員の作業時間を、1年で「844年分」も節約できたと言われています。

　加えて、X-Roadを実現するソフトウェアはオープンソースとして公開されており、日本を含め様々な国での導入が検討されています。実際に、2018年にはフィンランドにX-Roadの仕組みが導入され、かつエストニア側とも接続されており、国をも跨いだデータ連携基盤が広がっているのです。

　もう1つ、エストニアの取組みで特筆したいのが、データを有効に活用した行政運営の透明性です。エストニアのデジタルサービスポータル「e-Estonia」のトップページには、同国内のデジタル行政の進捗度やデジタル化KPIの達成度、それにより市民や職員にもたらされた成果と価値を視覚的にわかりやすく紹介する、「e-Estonia Briefing Centre」と題されたダッシュボードが示されています。

　たとえば、選挙におけるインターネット投票の利用率、海外からも申請できる電子エストニア住民登録の「e-Resident」数、IDカード（日本で言うマイナンバーカード）を通じたサービス利用率、行政サービスのオンライン化対応率、X-Roadの1か月トランザクション数などなど、項目は多岐にわたります。

　少なくとも筆者の記憶の限りでは、オンラインサービスポータルのトップ画面に、こうした成果指標を堂々と掲げた国や機関は存在しません。エストニア政府が重要指標と位置付け、国民に対してその達成をコミットした事項について、リアルタイムにわかりやすく発信し、それについて市民からの意見やニーズを求め、改善していくための土台が「e-Estonia」にはあります。

　ここでは、パフォーマンスを定量的・科学的に評価し、成果にコミットした取組みを行うこと、その内容と結果を、透明性をもって広く市民に公開し議論すること、これにより市民からの信頼を得ながら着実に変革を進める後押しをもらい、国全体の取組みにしていくことが可能とな

◇ e-Estonia のトップページ ◇

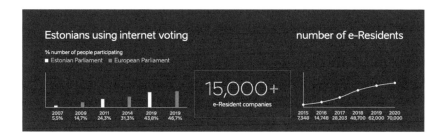

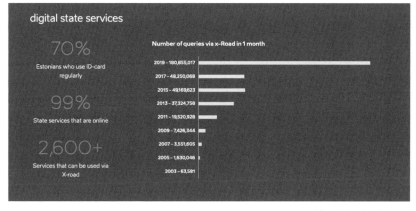

https://e-estonia.com/

> データを活用して市民に便利なサービスを提供しつつ、自らのパフォーマンスも
> データで見える化・公開し、行政の透明性と説明責任を果たすことで、市民からの
> 信頼を獲得し、さらなる DX の後押しを得ている

ります。

　エストニアにおける市民と変革の取組みに対して誠実に真摯に向き合
う姿勢こそ、行政の DX を推進するうえで、何より重要な要素であると
改めて痛感しています。

Digital is Everywhere ～「行政機関」から「テクノロジー行政機関」へ

■テクノロジー駆動型の社会保障の未来を描く

　世界人口の6割以上、およそ50億人が何らかのデバイスを使ってインターネットにアクセスできる現代において、市民にとってテクノロジーは何ら特別なものではなく、完全に日常の一部として欠かせない存在になっています。10年前までは物珍しかったスマートフォンですら、今では誰もが当たり前のように、目覚まし時計や朝刊の代わりにし、通勤中にメールチェックもできれば、SNSでいつでもどこでもコミュニケーションができる。予定の到来を教えてくれ、初めての街でも地図を確認して、おすすめのレストランまで教えてくれる、まさに「Digital is Everywhere」の時代なのです。テクノロジーは、特別に存在を意識することなく自由自在に活用して、自身の生活を豊かにしてくれるものであり、もはやテクノロジーなしの生活はありえないとさえ思えるでしょう。この傾向は、2020年のコロナ禍において、人の物理的な接触や移動が制限され、さらに加速しました。

　企業や行政機関が提供しているサービスやテクノロジーは、必ずしも市民の期待を満たしていません。提供者である企業や行政機関は、依然として旧来型のサービスのあり方と仕事のスタイルに縛られ、狭い視点での顧客やデータの囲い込みに終始し、テクノロジーを既存業務の代替や効率化としてしかとらえられておらず、先進的なサービスをすでに体験している市民とのギャップが埋められていないのです。これは単に採

用したテクノロジーが期待に沿わなかったというレベルに止まらず、市民の失望につながり、その信頼を損なう事態にまで至っています。アクセンチュアはこの状態を「Tech Clash/テック・クラッシュ」と呼び、デジタル社会、さらにはポスト・デジタル社会における企業や行政機関が抱える大きな課題と位置付けました。

　あらゆる企業や行政機関は、デジタルを利用するだけの組織ではなく、それを自身のコアビジネスに融合させた「テクノロジー企業・行政機関」に例外なく変わっていくことが求められています。そのためには自らのサービスや顧客接点を再定義しなければなりません。このことは、生活者や自身の関係するステークホルダーの信頼を取り戻すという、企業や行政機関にとって極めて根源的で重要な取組みとして認識される必要があると考えます。

　このSectionでは、新しい社会保障デリバリーモデルを支える3つ目の要素である「テクノロジー駆動」について、まさに「テクノロジー企業・行政機関」として、AI、RPA*、SNS、モバイルといったテクノロジーを変革の触媒に用いて自身の業務やサービスの変革を実現してきた先進機関の事例を紹介し、テクノロジー駆動型の社会保障の絵姿を見ていきます。

　最初に、民間企業の窓口業務のAIを用いた変革の事例から、テクノロジーと人との協業のあり方を見たうえで、エコシステム型の社会保障デリバリーモデルを実現するためにAIやSNSといったテクノロジーを活用する方法と重要性を示します。次に、Chapter3でも触れたDWPの事例から、人員のスリム化を補う施策として両輪で考えるべきテクノロジー活用のあり方を紹介します。また、働き方改革での注目に加え新型コロナによって対応が必須となったともいえるリモートワークについて、現場仕事も多い社会保障領域の特徴に目を向けたテクノロジー活用の姿についても触れます。

■市民との接点を劇的に変える"AIコンシェルジュ"

　テクノロジーの進歩に伴い、コンピュータの性能、通信ネットワーク
速度、データ保存能力が飛躍的に向上しました。その上、深層学習
（ディープラーニング）という自己学習アルゴリズムのブレークスルー
により、第3次AIブームが牽引され、これまでにないスピードと影響
力でAIが私たちの社会に浸透してきています。人間による意思決定を
代替し、サポートするAIは、今や企業の競争力を維持し高めていくた
めの必須の技術要素です。

　また、先に述べたビッグデータを、人間の頭であくせく分析して示唆
を見つけているだけでは、とてもその量とスピードに対応できません。
現代の宝の山であるデータを真に有効に活用するためにも、AIの活用
は必要不可欠です。

　社会保障領域に限らず、あらゆる行政機関においては、業務運営上の
テーマとして「ワンストップ化」が長らく掲げられてきました。市民が
何か困ったときに「自分がどんな行政サービスを受けられるのかわから
ない」「誰に聞けばいいのかわからない」ために、役所の窓口をたらい
回しにされてしまうケースはよく耳にするところでした。国の機関や自
治体はこれを解決しようと、総合窓口の設置や、相談コールセンター、
ホームページ上でのFAQなど、利用者の利便性を高める様々な取組み
を続けてきました。

　しかし、特に社会保障行政においては、雇用、健康保険と医療、年金、
ときには税など、関連する法制度が多岐にわたっています。たとえ総合
窓口を設置したとしても、1人の担当者がすべての制度内容と関連する
手続きを完全に理解して、困りごとを抱える市民をナビゲートすること
は並大抵ではありません。

そこにAIを上手く活用する方法が注目を浴びています。これまで様々な制度ごとに異なる複数の窓口へアクセスを求めていた市民との接点を、AIが仮想的に統合することで、真のワンストップ化を果たせるからです。カスタマーとしての市民からの視点で言えば、訪問先探しに気を揉むことなく、ホテルのコンシェルジュに相談するかのように行政とコンタクトが取れます。行政内部の視点では、様々な情報を集約してアクセスできるようにするワンストップ化の土台を構築しておくことが必要です。

■AIと二人三脚でホスピタリティを
　〜JALの窓口コンシェルジュサービス

　JAL（日本航空）が実証実験を行った「空港旅客サービスシステム」は、AIと人の受け答えを組み合わせて、お客様に一歩踏み込んだおもてなしを提供できるサービスです。成田空港と羽田空港の国際線チェックインカウンターで2019年に試験運用されました。
　このシステム導入によって、従来、スタッフが感じていた次のような課題をクリアできました。

・スタッフによって提供できる情報の量や詳細度がばらつく
・問い合わせの内容によっては、マニュアルで調べたり他の有識者に確認に行ったりする必要がありお客様をお待たせしてしまう
・調べた情報を説明する際に手元を見てしまい、お客様の目を見た接客ができない
・空港手続きに求められるスピードのプレッシャーから、口頭だけの案内に留まらざるを得ない

　たとえば、国際線の搭乗手続きをするお客様への対応を再現すると、

次のようになります。

　カウンターで搭乗客に対面するのは空港スタッフ。搭乗客は「トランジットの空港で少し仕事をしたいのですが、ラウンジの場所はどこですか?」と質問します。空港スタッフが「トランジットの空港でのラウンジの場所ですね」と復唱しながらインカムを通してAIに音声を伝えると、スタッフのタブレットにトランジット先の空港の地図と、搭乗便の到着ゲートとそこから一番近いラウンジの場所が端末に自動表示されます。

　これはスタッフが端末を操作してアプリを起動し、自ら検索して表示したものではありません。AIが自動的にスタッフの声を感知して、音声認識を行い、その発言の内容を正確に解釈し、必要な情報を収集・選択して瞬時に表示したものです。そのほかにもトランジット先での手荷物スルーチェックインの可否や許容重量、ビジネスクラスの座席のイメージ、機内食のメニューなど、お客様の質問をいちいち手動で調べなくても即座に表示できます。お客様との自然な会話のなかで、世界中の空港に関わる情報を提供できれば、お客様にとってストレスフリーなだけでなく、スタッフにとっても、情報の検索や確認という事務作業に気を取られず、余裕をもって接客に集中できるため、暖かいホスピタリティを実現できます。

　なお、技術ソリューションについては、複数のAIエンジンと業務プロセスを最適に組み合わせられるアクセンチュアの「AI HUBプラットフォーム」が採用されています。このAI HUBプラットフォームは、アクセンチュアのグローバルでの豊富なAI導入実績を基に、日本独自の要件を加えて構築したAI活用プラットフォームです。「AI HUBプラットフォーム」は複数のAIとの接続機能や、LINEやMicrosoft Teams、さらには電話などの音声をはじめとした複数のユーザインタフェースへ連携するアダプタ機能、学習データ管理機能などAIを用いたビジネス

◇　**グランドスタッフと AI がお客様をリアルタイムサポート**　◇

https://youtu.be/un8Exl88yrI

ソリューションを開発するうえで必要になる機能を多数備えたものです。JALの空港コンシェルジュサービスにおいてもJALのナレッジデータベースやホームページなどの情報を瞬時に検索・表示する機能や、音声認識エンジンを始めとする複数のAIエンジンの組み合わせなどに利用されています。この技術の活用により、開発からAIエンジンの回答精度が業務レベルに向上するところまでをわずか2週間で実現しました。

　この事例ではアクセンチュアがJALのパートナーとなりましたが、ソリューション開発のスピード、俊敏性自体が顧客の信頼獲得に直結する環境においては、デジタル技術を有するパートナーとの協業がこれまで以上に重要な意味を持つようになるでしょう。

■高度な専門業務も、AI エキスパートが強力サポート

　関連した先進事例として、大同生命とアクセンチュアが共同開発した医務査定AIモデルをご紹介します。

Chapter 4

社会保障ＤＸが実現するもの　〜「私」に寄り添うデジタル・エコシステム

143

保険契約における医務査定業務（顧客の健康状態に関する様々な情報を基に、保険契約の引受可否や契約条件の有無を判断する専門事務）は、査定担当者の医学的な知識を前提とする見落としの許されない確認項目が数多く存在し、一律でのルール化（自動化）が非常に困難でした。

　そこで、過去数年分の約10万件に及ぶ保険加入時の申込情報や健診表などのデータを分析して独自のAIモデルを構築し、AIによる査定予測と専門人材による人的判断を組み合わせて、一層の業務効率化とお客様へのサービス提供までの時間短縮を実現しました。これもまさに、AIが担当者をサポートし、負荷軽減とよりよい顧客サービスを生んだ例にほかなりません。

　なお、これまでこうした業務上の判断・意思決定の場面において、AI活用が敬遠される理由の1つに判断プロセスのブラックボックス化が挙げられていました。AIの判断に頼って業務を行っていても、お客様から問い合わせを受けたときに、なぜそうした判断でよいのか答えられず、ビジネス・サービスの提供に責任を持てなくなるからです。しかし、ここで構築したAIは、医務査定時の判断に影響を与える因子を提示し、従来の汎用的なAIソリューションでは実現困難であった「AIによる判断プロセス」を可視化することができたのです。これにより、AIモデルの事後検証が可能となり、ビジネスの説明責任や予測モデルの継続的な精度向上につなげられるのです。

　こうした「Explainable AI（説明可能なAI、以下「XAI」）」や「Responsible AI（責任あるAI）」という概念は近年非常に注目されており、適切にビジネスを運営するためのAI活用の前提になりつつあります。行政のように、公的機関の業務執行がそのまま市民の生活や便益に直接影響を及ぼしたり、ときに公権力の行使に至ったりするケース では、明確な説明責任が果たされていることは極めて重要視されます。XAIの仕組みを上手く活用して、AIと人が協働するプロセスを構築することが重要となるのです。

◇ 保険契約における医務査定業務を支援する AI の導入 ◇

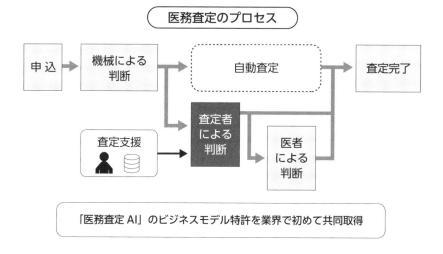

■ 社会保障エコシステムの窓口に AI エージェントを

JALと大同生命の事例で見てきたように、「人とAIの協働」こそが、組織におけるAI活用の要諦です。これまでは、AIの活用というととかく、AIによる人の代替に目が行きがちでしたが、それだけではお客様の信頼を得ることは決してできず、スタッフにとっても「AIに仕事を奪われる」と余計な不安を生みかねません。AIがスタッフに置き換わるのではなく、AIの力によってスタッフがパワーアップし「AI-Powered コンシェルジュ」に生まれ変わることで、お客様へのよりよいサービスの提供とお客様体験のDXにつなげられるのです。

■ 社会保障エコシステムの窓口に AI エージェントを

アクセンチュアでは、事業活動を通じて培った「人材のスキルを高めるノウハウ」を生かし、Skills to Succeed（スキルによる発展）と呼ぶ全世界共通の社会貢献テーマの下、様々なコーポレート・シチズンシップ活動を展開しています。その一環として、2019年度から貧困・生活

社会保障ＤＸが実現するもの ～「私」に寄り添うデジタル・エコシステム

Chapter 4

困窮問題に取り組み、貧困層経済的自立支援プログラムを進めています。行政や非営利組織と連携し、生活困窮者に経済的自立に向けた情報提供や支援者とのマッチングの機会を提供することで、マインドセットの向上やスキル形成につなげ、貧困状態からの就業や起業による脱却を目指す活動です。

　この活動の1つが、子どもやその家庭の貧困などの社会課題解決を目指す認定NPO法人フローレンスへの支援です。同法人が展開する「赤ちゃん縁組事業」では、予期せぬ妊娠に悩む母親からの相談や手助け、生まれてくる子の養子縁組を仲介し、事業開始から5年で約2,500件の妊娠に悩む女性の相談を受け付け、特別養子縁組により17組の新しい家族の誕生を支援しています。ただ実態として、相談や縁組支援を利用する親のほとんどが経済的に困窮する層と想定され、事態の逼迫度の高い案件が多い一方、非常に多くの相談が寄せられるために従来の電話やメールだけではフローレンス側の職員でも対応しきれないという問題を抱えていました。また、デリケートな話題である妊娠や出産に関して、自ら支援団体に電話をかけてサポートを受けるアクションができる相談者はごく一握りで、真に助けが必要な人すべては見つけられないという支援側としての悩みもありました。

　こういった課題に対し、24時間相談受付が可能なチャットボットを、フローレンスとアクセンチュアで協同構築しました。相談者の属性などと親和性が高いLINEをプラットフォームに選び、親しみやすい「エナガさん」をキャラクターにした「にんしん・養子縁組相談窓口」です。

　このサービスの導入により、電話とメールフォームのみで相談を受けていたときと比較して相談件数が月平均で約6倍程度に一気に増えました。業務時間外でも相談を受けられるようになったことに加え、LINEという身近なコミュニケーションツールを使って相談できること、デリケートな内容であることから人には相談しにくいことも、チャットボットであれば気にせず質問ができるといったことが相談件数の増加につな

◇ チャットボットキャラクター「エナガさん」 ◇

「エナガさん」のモデルは、スズメ目エナガ属のエナガという小鳥。子育て期に入ると、親鳥以外の鳥が別の巣のヒナにエサを与えて子育てを手伝う"ヘルパー"という生態が見られることから選ばれた

◇ チャットボットのシステム概要図 ◇

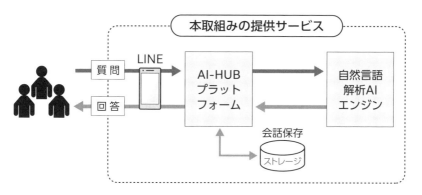

このシステムは、グローバルでの豊富なAI導入実績を基に、日本独自の要件を加えて構築したAI-HUBプラットフォームを中心に用いて開発されている

がったと分析しています。また、チャットボットで問い合わせた相談者がより込み入った内容を相談窓口に連絡するといったケースも2割弱増えました。チャットボットで用件が済む相談者はチャットボットで完結し、より個別に調査して回答が必要な人には手厚く時間をかけた電話対応が可能になったと推察できます。

　生活困窮者支援という社会保障の一領域を考えたときにも、支援の担い手は多岐にわたります。

　たとえば、日々の生活費や住居にすら困窮する人々には、公的年金や失業保険、生活保護制度による金銭面での援助や、生活困窮者自立支援制度に基づく各自治体での相談、非営利組織からの住居や食事の提供。職を得て自立するためのスキルを習得しようとする人々には、官民それぞれでの職業紹介・マッチング、職業訓練・スキル研修などの教育や職業機会斡旋。そのほかにも、妊娠・出産・子育てに悩む親子やひとり親家庭、高齢で介護が必要な人、障碍を持つ人などに対して、様々なプレーヤーによる多種多様な支援の手が広がっています。これほど受け皿が豊富なら、サポートも行き届いていると考えるのが自然でしょう。

　ところが、官民入り混じった多様な支援者やサービス提供者が存在するなかで、困っている市民が、逆にどうすべきかわかりにくい状況に陥ってしまう面も否めません。自分の住む地域ではどんな支援があるのか、自分はどの支援を受けられるのか、そのためにはどこへアクセスすればよいのか、判断できずに立ちすくんでしまうおそれがあるわけです。

　支援者側にとっても、困っている人を助けたいという思いで活動しているものの、自分たちの支援を必要とする人がどこにいるのか、どういう困りごとやニーズを抱えているのかが自明ではなく、支援を届けられないジレンマに悩んでいます。また様々なプレーヤーによる1つひとつの支援は独立して存在しているため、相互のつながりがなく断絶してし

◇ 縦割り型支援と包括的支援 ◇

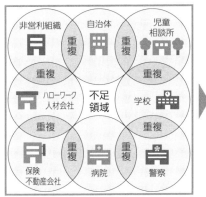

縦割り型支援のイメージ

・制度・サービスに**不足領域**がある
・制度・サービスが**重複**している
➡（市民）**複数の窓口に別々**に問い合わせ

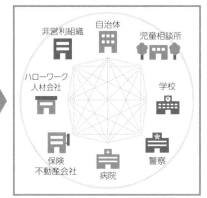

包括的かつ最適化された支援のイメージ

・制度・サービスが**包括的・網羅的**である
・制度・サービスが**最適化**されている
➡（市民）**単一の窓口**に問い合わせ

まっている（縦割り状態）のも課題です。たとえば、目の前の生活に困窮している人へ、住居や食事の提供サービスを行う団体もありますが、各利用者に対して自立のための次のステップ、職業訓練や就労支援などにつなげることはできていません。支援者側も自身が提供するサービスを受けようと訪れた人への対応はできるのですが、次にどういうフォローが必要なのか、誰に橋渡しをすればよいのかがわからず、十分なケアができない現実もあります。

　貧困層に対する支援は、このような課題の多様化と他団体との連携の難しさから、支援が不足していたり、お互いに知らずに重複していたりする領域が同時に存在しています。これに対して、自治体、ハローワーク、病院や警察、民間企業、非営利組織など関連団体間で協力し連携し合える環境を整えること、そのうえで様々なプレーヤーが相互連携して

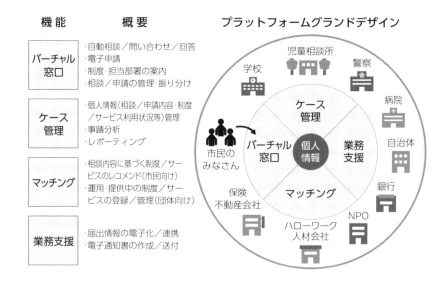

◇ 生活困窮者支援の「エコシステム型プラットフォーム」◇

機能	概要	プラットフォームグランドデザイン
バーチャル窓口	・自動相談／問い合わせ／回答 ・電子申請 ・制度・担当部署の案内 ・相談／申請の管理・振り分け	
ケース管理	・個人情報(相談／申請内容・制度／サービス利用状況等)管理 ・事蹟分析 ・レポーティング	
マッチング	・相談内容に基づく制度／サービスのレコメンド(市民向け) ・運用・提供中の制度／サービスの登録／管理(団体向け)	
業務支援	・届出情報の電子化／連携 ・電子通知書の作成／送付	

包括的かつ最適化されたサービスを提供すること、つまりエコシステム型プラットフォームが求められているのです。

　この貧困層支援プラットフォームの入口にAIエージェントをワンストップの窓口として位置付け、貧困に悩まされている市民の要望や悩み、問い合わせを、多様な支援者とサービスのなかから適切なものをマッチングできること、よい意味で縦割りの専門サービスをバーチャルに統合することが重要になってくるのです。これにより、助けを求めたい市民側にとって問い合わせる手続き自体が障壁になることを回避し、より支援とつながりやすい環境を作ることができ、支援者としても助けを必要とする人に漏らさずリーチできるようになります。

　さらには、行政機関や各支援者からも市民に関する情報をやり取りし、支援の実績をプラットフォーム上で共有して相互に連携することで、1人ひとりの今の状況をとらえ、フォローし、適切な支援者が動きやすい環境を作れます。そのうえで、最適な地域の支援者とマッチングしたり、

行政への届出の入力を補助し着実なサービス提供までサポートしたり、市民を包括的に助けるエコシステムの構築が必要なのです。

■"お役所仕事"と"日々忙殺される雑務"からの解放

　ここまで見てきたのは、市民の視点での社会保障サービスの将来イメージでした。ここからは、そのサービスの裏側を支える行政職員に目を向け、行政としての業務のやり方や働き方をどう変えていくのかについて論じていきたいと思います。

　行政職員の業務は、ともすると"お役所仕事"と揶揄されがちです。効率的とは言いがたい仕事ぶり、融通が利かない対応を皮肉った言い方ですが、ルールに則った公平・公正な業務遂行こそが行政オペレーションに求められる姿勢であるため、避けられないことでもあります。効率を優先して規定の手順を省いたり、慌ててミスをしたりすれば、ここぞとばかりに批判の嵐にさらされてしまうからです。煩雑で膨大な業務をこなすには、"サービス精神"を発揮するより、機械のように間違いなく完璧に遂行することを優先せざるを得ません。いっそのこと、機械的な仕事は文字通り機械に任せ、自動化してしまえば、日々忙殺される雑務とありがたくないレッテルから解放され、より創造的な仕事や付加価値の高い仕事、つまり市民に寄り添った社会保障サービスの提供に専念できるようになるでしょう。

■徹底的オートメーション
～「ロボ」と職員の融合、創造性をも育むDWPの仕掛け

　RPA（Robotic Process Automation）は、近年日本でも積極的な導入が進められているテクノロジーです。ユーザーの行うシステム操作やデータ入力などの作業を分析し、ロボットの動作に置き換えて自動化す

ることで、時間と費用のかかる基幹系システムの改修を行わなくとも、煩わしい単純作業から人の手を解放できることから、様々な企業や行政機関での活用が進んでいます。RPAの技術的な詳細についての説明は割愛しますが、このテクノロジーを利用して、サービスの質を維持し高めながら人員と予算削減を実現したイギリスDWP（Department for Work and Pensions：労働年金省）の事例を紹介しましょう。Chapter3でも触れた直近数年にわたる劇的な人員削減を裏で支えた取組みの1つが、このRPAなどによる徹底的なオートメーション化と業務改革の推進なのです。

DWPでは、2017年に「IAG（Intelligent Automation Garage）」と呼ばれるイノベーションセンターを内部に設立しました。IAGでは、DWPの各部門の職員業務に対して、人手を掛けなくてもよい仕事が何か、AIやロボットによって自動化できるプロセスがないかを分析し、試行検証し、本番業務へ展開していく役割を担っています。

たとえば、IAGが最初に手をつけた改革の1つは、年金給付申請の審査手続きです。市民からの申請に対して、申請情報とDWPが有する情報とを突合確認し、給付の決裁を下す業務ですが、従前は職員による手作業での確認と承認に多大な時間がかかっていました。信じられないことに年間3万件のバックログ（未処理案件）が滞留しているような状態だったのです。そこで、現状の業務内容を分析し、自動化できる余地を見極め、RPAによる自動化テストと結果の確認をするという、一連の試行検証作業を繰り返し、3か月の短期間で12台のロボット（実際にはPC端末上で動くソフトウェアですが）を本番業務へリリースしました。その結果、わずか2週間でその3万件のバックログを解消してしまったのです。

こうした初期の成功体験を背景に、DWPのあらゆる業務に自動化の取組みを展開し、現在進行形で業務改善が進んでいます。現状で35もの業務プロセスに対してすでに本番導入がされており、1,000を超える

◇ DWP の組織構造 ◇

「ガレージ」「道場」「温室」のイノベーションセンター 3 段構成が、DWP のデジタルトランスフォーメーションを支えている

ロボットが稼働中です。

たとえば、業務上で、社会保障番号（マイナンバーのような個人ID）を手書き入力する作業が50万箇所も特定されており、紙のプロセス廃止とシステム化に合わせて、作業をすべてロボットで処理させることに成功、その処理件数はすでに180万件を超えているのです。ロボットのなかには、職員が業務中に呼び出して動くタイプもあれば、完全に人手を介さずに作業しているタイプもあります。完全自立型のロボットは累計15億秒も仕事をしており、まさに24時間365日体制です。そのほかにも、処理結果を市民へ通知するロボットは累計45万通のSMSと57万通の電子メールを送っています。ペーパレス化の効果は、約900本もの「樹木」保全に相当するそうです。こうした取組みにより、DWP職員の作業時間を約10万時間、業務コストを1,400万ポンド削減することに成功しています。その成果は、ロボットが動き続ける限り、今もなお積み上がっているのです。

DWPのIAGは、「Garage（ガレージ）」の名の通り「共同作業スペース」として、組織の自動化を徹底的に検討する場を用意し、職員と外部のエンジニアが協業して革新的なソリューションを形作る、まさに「イノ

Chapter 4

社会保障DXが実現するもの ～「私」に寄り添うデジタル・エコシステム

ベーションセンター」を持っています。実はDWPのイノベーションセンターは、IAGだけではなく、「Dojo」や「Greenhouse」と呼ばれる場も設立されています。Dojoは、文字通り日本の武道でいう「道場」で、最新テクノロジーのナレッジとアジャイル型問題解決の方法論を習得する場。Greenhouseは、新しいアイディアの種を播き、育て、マーケットをリードする次世代のサービスを生み出す温室です。これらは、IAGが担う業務改善と自動化だけで変革を終わらせることなく、時間の浮いた人を、人手を必要としている業務へシフトさせ、その業務の付加価値もさらに高めていく役割を果たします。つまり、不断のイノベーションを生み出す仕組みを複層的に作ることで、職員の能力を引き出し、組織のパフォーマンスを高めようという意図が汲み取れるのです。テクノロジー駆動を実現するためには、これらのイノベーションを生み出す組織構造とカルチャーへの変革も非常に重要な要素となります（この点については、Chapter5で詳しく掘り下げます）。

■ Anywhere, Everywhere
〜行政の業務とサービスを「庁舎」から解放する

　新型コロナの感染拡大によって、閉鎖された行政窓口が何件あるか、みなさんはご存知でしょうか。本書の執筆時点（2020年12月現在）で全国の年金事務所が16件、税務署が45件です。さらに、労働基準監督署や市役所などにおいて、職員に新型コロナ陽性者が発生し、窓口の閉鎖と業務・サービスの停止が強制される事態が数多く発生しています。ただでさえ社会保障行政の窓口では、紙と対面ベースでの相談対応や各種書類の申請・発行に係る作業に追われ、多忙を極めています。そこにコロナ禍が覆いかぶさりました。職員と市民の感染リスクへの懸念や職員体制が縮小するなかでの業務継続、行政サービスの遅さといった課題が顕在化しているわけです。特に、緊急事態下で日々の生活に困窮し、

◇ 新型コロナ感染拡大による影響・課題 ◇

人との接触による感染リスクの増加	職員	●紙・対面を前提とする業務であることから、職員同士・国民との接触により感染リスクが増加
	国民	●外出自粛が求められているなか、行政ルールに従い、手続き等のために来庁が必要 ●順番待ち等により、庁舎での滞在時間が長くなり、感染リスクが増加する可能性
職員体制を縮小するなかでの業務継続	職員	●時差出勤・シフト勤務等により現場の業務体制が縮小する一方で、従来の業務に加えてコロナ関連制度等に伴う相談・申請による業務量増加への対応力確保が必要
コロナ関連の新制度に係る対応の遅れ	職員	●新型コロナ感染拡大に伴い、各種制度が新設・変更 ●手続き関連対応の多くが紙ベースで進められており、スピード感のある対応が困難
	国民	●特別定額給付金の支給遅れといった行政手続き・対応の遅れにより、必要なサービスを迅速に受けられない

助けを求めたい市民にとって、社会保障行政のフロントラインが止まること自体が、大きな社会的インパクトにつながってしまうことは容易に想像されます。

「Withコロナ」「Postコロナ」において窓口業務を円滑かつ確実に実施していくためには、各種手続きのオンライン化やAIチャットボットといったテクノロジーでの代替がもはや欠かせません。一方で、社会保障行政においては、対面で細やかなコミュニケーションを取りながらサポートや現場そのものを見る必要性が高いのも事実です。こうした、対面、現地でのコミュニケーションにできる限り近い状況を作りながらも、職員と市民の安全性を確保するために、非接触型のリモートコミュニケーション技術の活用が進んでいます。

◇ 事業場臨検業務の非接触型リモート化イメージ ◇

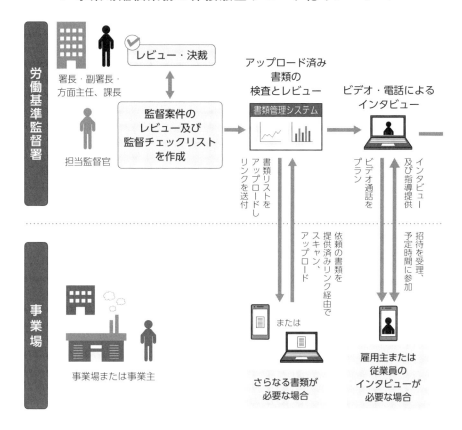

アメリカのアトランタ市（City of Atlanta, Georgia, USA）の都市計画部門では、貿易許可や標識掲示などの現場で立ち会う臨検の代わりにリモートビデオ監督を開始しました。申請者がメールで監督を受ける予約を行うと、監督官は「Apple FaceTime」や「Google Duo」といったテクノロジーを使用して、遠隔でウォークスルー（成果物のレビュー）を実施します。これにより、申請者と監督官の接触を完全になくし、かつ事業場へ出向く手間がなくなることで、安全性の確保と効率化を同時に実現しました。

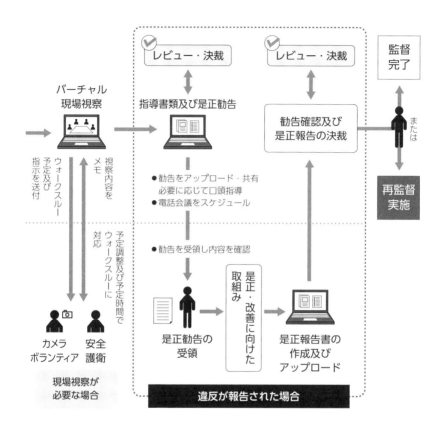

バーチャル
現場視察

レビュー・決裁

指導書類及び是正勧告

レビュー・決裁

勧告確認及び
是正報告の決裁

監督
完了

または

再監督
実施

指示を送付
予定及び
ウォークスルー

視察内容を
メモ

●勧告をアップロード・共有
　必要に応じて口頭指導
●電話会議をスケジュール

予定調整及び予定時間で
ウォークスルーに
対応

カメラ
ボランティア

安全
護衛

現場視察が
必要な場合

●勧告を受領し内容を確認

是正勧告の
受領

是正・改善に向けた
取組み

是正報告書の
作成及び
アップロード

違反が報告された場合

こうしたテクノロジーは、社会保障行政においても、たとえば日本の労働基準監督署が実施している事業場の臨検などで活用すれば、リモート監督ワークフローを実現できるでしょう。非接触で業務が進むため感染リスクを低減させられるのに加え、臨検に出向く移動時間やコストの削減が可能です。また、各種書類や手続きの電子化によってスピードや品質の向上も図れます。もちろん、リモートのみで完結しないケースもありますが、こうしたテクノロジーで抜本的に業務自体を作り替えることが、より重要な監督活動への一層の注力を可能にするのです。

Chapter 4 社会保障DXが実現するもの ～「私」に寄り添うデジタル・エコシステム

オペレーション最前線〜業務アウトソーシングという官民連携の現場から（文：岩田　善行）

　新型コロナに伴う給付金申請を振り返ると、1日でも早く給付金を届けたい行政職員と今すぐに必要な市民、それぞれの想いとは裏腹な事態が記憶に残ってしまいました。もとから膨大であった業務負荷のさらなる増加に苦しむ職員と、複雑で理解しづらい新たな申請を迫られる市民の姿という、マイナス面の印象が強かったからです。失業や廃業による社会保障への影響が中長期的に継続すると見込まれる状況のなかで、新型コロナ対応のみならず、今後発生しうる、より深刻な社会の不確実性への対応を鑑みると、市民を支える社会保障セーフティネットとしての国及び自治体の業務負荷は拡大し続けると想定されます。社会のパラダイムシフトのなかで、これまで以上に柔軟・迅速に業務をこなし、かつ市民に対するケアを充実させる対応力を強化するような変革が迫られているのです。

　一方で、従来にない根本的な業務改革を推進するとなると、たとえば、厚労省と自治体間での業務分担の前提が制約となったり、制度自体の見直しが必要になったりする可能性が高く、実際そうした意見を現場で耳にするケースが以前より増えてきています。しかしながら、この事象は官公庁特有の話ではありません。民間企業でも社内ルールや組織間の分担が障害となることは多々あります。

　アクセンチュアは、グローバルで25年以上にわたり750以上の企業や官公庁などから業務改革のアウトソーシング（Business Process Outsourcing：外部業務委託）業務を受託してきました。そのなかで行政の数多くの現場に携わる経験からわかった事実として、日本では、民間企業か官公庁か関係なく、特有の共通課題があるように思えてなりません。日本の時間当たり労働生産性はOECD加盟国内で突出して低く、

長年、最下位クラスに留まり、官民含めた生産性の低さと改善の必要性が指摘されているのは広く周知されている通りですが、この背景には組織分担や制度以前の「日本人気質」とも言える精神的、慣習的な障壁があるように思います。

たとえば、業務をすべて直そうとする場合、未来の不確実性を回避しようとするあまり、大きな変更によって周りの担当者や組織に迷惑をかけてはいけないという「空気を読む」意識が働き、現状維持に傾きがちです。また、アウトソーシング作業を特定の委託先に「よしなに」と任せっぱなしにしてしまい、受ける側も長年の委託元との関係性からこれを断り切れずに受けてしまっているなかで、現場では年々イレギュラーな対応が増え、複雑化・ブラックボックス化が進み、気づいたときには、業務の見直しすらすぐにはできない事態に陥ってしまっているといったこともしばしば目にします。業務改革を進めるに当たっては、こうした精神的・慣習的な壁を取り除くことが欠かせません。

さらに、通常業務のなかで発生するすぐに取り組まなければならない事案や、想定外の事象への対応と並行して業務改革を進めなければならないという現場の負担が、業務改革を困難にしていることは言うまでもありません。

不確実性がますます高まるなか、New-Standardとして求められる柔軟性・迅速性のある対処、デジタル技術への追随などが避けて通れなくなってきています。結果として、外部活用する相手とは、従来のように、発注時点で見えている範囲での固定的な委託内容がすべてとなるような硬直的な関係ではなく、業務内容やデジタル技術など内外の継続的な変化にも対応し、組織のパフォーマンス改善を共創できる、新しいパートナーシップの関係が必要なのです。

たとえば、公共や社会保障の分野では下記のように様々な施策を、業務アウトソーシングを通じた官民パートナーシップの構築によって実現できる可能性があると考えます。

① 各種届書の受付処理オペレーション全般（受付、内容審査、回送・返戻、内容に関する申請者問合せなど）に対して、AIなどデジタル技術活用による処理効率化に留まらず、受付業務のデジタルチャネルへのシフトや蓄積されたデータの利活用による問合せ対応の効率化など、前後のプロセスも含めたトータル視点での改革
② 市民や事業者からの問合せと相談対応が必須となるなか、個別のケース相談に対するコンシェルジュ機能強化（デジタルチャネル化）
③ 職員の非定型のコア業務へのシフトと職員支援（たとえば、制度適用できる市民や事業者、経営困難〔保険料支払が困難〕な事業者へのリーチとアクションをより能動的・積極的に行う対策強化）

　実際、このような変革の実現を目的としてアウトソーシングによる協業を求めるクライアントも増えてきています。アウトソーシングという外部のリソースと知見を組織内に取り込む枠組みを上手く活用して、テクノロジーと業務改革の専門家が行政業務のなかへ飛び込み、その能力を発揮してもらうことによって、内側から業務や組織、文化を変えていくアプローチもまた、DX成功の１つの方法だと考えています。

市民との共創・コラボレーション

■人間中心（Human-Centric）な体験の実現へ

　本Chapterで見てきたように、テクノロジーの進歩に伴い、便利なオンライン・モバイルサービスやAIを活用した顧客サービスはもはや当たり前になりつつあります。スマートフォンの音声認識AIでの検索や会話をする光景は珍しくなくなり、気軽な顧客コミュニケーションとしてLINEのチャットボットを導入する企業も身の回りに増えてきました。しかし、オンラインでサービスが提供されているだけ、受け答えがAIで自動になるだけでは、本当に困っている顧客の手助けになっているかどうかわかりません。

「ウェブサイトにきても使い方がよくわからない」「チャットボットに問い合わせても思った答えが返ってこない」──このような経験をしたことは、みなさんもあるでしょう。もしそれが、社会保障の複雑な制度にまつわるサービスであれば、なおさらそう感じる機会が多いかもしれません。

　市民接点の変革の勘所は、単なる自動化ではなく、利用者のニーズをとらえ、その人が必要とするサポートにつなげられるかにかかっています。社会保障におけるユーザーの体験（UX：User Experience）を描くことが非常に重要なのです。その際に、「デザイン思考（Design Thinking）」の考え方が有効となります。

　従来のシステム設計やサービス設計では、人がサービスとして使うこ

とと、システムを動かすことが、それぞれ断絶した体験として描かれていました。つまり、システムはシステム、サービスはサービスとして別々の観点から設計されていたわけです。これからは「利用者が求めるサービスを実現するのにふさわしいシステムをデザインする」という発想が求められます。つまり、人間中心（Human-Centric）な体験のデザインです。これが実現できれば、一連のサービスのやり取りのなかにテクノロジーが溶け込み、利用者が何ら特別に意図することなく、ナチュラルに使いこなせるようなサービスを生み出せるでしょう。

　このSectionでは、最初にサービスデザインの概要がわかるように、ある市役所が同手法を用いて行った生活困窮者向けの行政サービス検討の事例を紹介。次に、オーストラリアの国税庁である「ATO：Australian Taxation Office」での取組みから、国民1人ひとりと継続的な関係を構築するための接点のあり方について考えます。

■サービスデザイン思考に基づく利用者体験の設計

　近年、行政でもサービスデザインの考え方が重視されてきています。政府の「デジタル・ガバメント推進方針」には、サービスを利用する際の利用者の一連の行動に着目し、サービス全体を設計する考え方として「サービスデザイン思考」が盛り込まれました。これをさらに具体化した「デジタル・ガバメント実行計画」では、利用者中心の行政サービスを提供するためのノウハウとして、以下のような「サービス設計12箇条」が設定されています。

〈サービス設計12箇条〉
　第1条　利用者のニーズから出発する
　第2条　事実を詳細に把握する
　第3条　エンドツーエンドで考える

第4条　全ての関係者に気を配る

第5条　サービスはシンプルにする

第6条　デジタル技術を活用し、サービスの価値を高める

第7条　利用者の日常体験に溶け込む

第8条　自分で作りすぎない

第9条　オープンにサービスを作る

第10条　何度も繰り返す

第11条　一遍にやらず、一貫してやる

第12条　情報システムではなくサービスを作る

　これまで漠然と意識されながら言語化はされていなかったものの、行政側の視点で設計されることが当たり前だったサービス設計が、政府の正式な方針のなかで「利用者視点から始めよ」と明確に定義されたことは、大きな方針転換とインパクトを示しました。今では「利用者視点から考える」「利用者の一連の行動に着目するためにカスタマージャーニーを描く」といった動きが、行政機関のなかでも当然のように行われるようになってきているのです。

　民間企業の商品やサービスの設計においては、多くのケースで、他社との差異化による売上向上を目標として、ターゲットとする利用者を特定しています。つまり、最初からすべての利用者を対象とせず、自分たちの強みが活かせる市場に資源を集中しているわけです。営利企業でもあり、自社を選択しない利用者には他社が扱う代替の商品やサービスがあることを前提に、許されているとも言えます。行政サービス、特に社会保障に関するサービスの場合は、国や自治体による「独占事業」として、すべての市民に対する公平・公正を保つのが原則です。しかしながら、真に助けを求める市民に注力して、ときには優先的にサービスを提供するバランス感覚を求められる点が、民間との大きな違いです。

　その一方で、前述の通り標準世帯という考え方がすでに形骸化してい

るように、利用者が置かれている生活環境はかつてないほど変化し多様化しています。また、民間企業の商品やサービスの購買と比べて、行政サービスを求める利用者のニーズは緊急度が高く、場合によっては生命に関わるほど危機的な状況を含みます。このため、本当に優先すべき市民＝サービス利用者を特定して抽出しつつ、利用者の多様な特徴を踏まえたサービス体験の設計を進めていく必要があるのです。とはいえ、行政職員だけで、すべての多様な属性と実情を踏まえた対応を考え、設計し、実装することは限界があるでしょう。だからこそ、国や地方自治体の行政と、民間企業や非営利組織などの地域コミュニティに根ざしたプレーヤーが一体となって包括的なサービス設計を進めることが重要となるのです。

■生活困窮者に寄り添う社会保障サービスデザイン

　サービスデザイン思考の考え方に則って、アクセンチュアがある自治体の市役所と、生活困窮者向けの行政サービスの検討を行った事例を紹介します。

　この市の福祉政策課では、縦割り型の組織構造やリスク回避型の意思決定プロセス、現状業務の負荷などの制約のために、市民の様々なニーズに対応できていませんでした。市民との関わり方も受動的で、自ら市役所にコンタクトしない市民についてはノーマークで、どんな悩みやニーズを抱えているかを全く把握できていなかったのです。

　そこで、サービスデザイン思考の考え方を用いて、市の優先政策課題について、サービスの対象となる利用者の声を反映させたサービス設計を検討する取組みを行いました。すべての市民に"響く"サービスを考えることは難しいうえに、初めての取組みでもあったことから、優先政策 課題のうち、生活困窮の問題を抱える「ひとり親世帯」に対象を絞

◇ ある自治体の福祉政策と支援に関する実態調査 ◇

市民の意見・要望

手続きごとに窓口が分かれていて、何度も訪れなければならない…**窓口を一本化して欲しい！**

平日の昼間は仕事があって行けないよ…**平日の夜や土・日・祝日も利用で**きるようにしてもらえないかな？

用語が難しいかつどこに何が書いてあるかわからなくて、必要な情報が拾えない…**発信する情報をわかりやすくして欲しい！**

生活保護を受ける以前に、子どもの預け先さえ何とかなればもっと働けるのに…**本当に困っているところを支援**して欲しい！

課が直面している課題

その話はほかの課の所管なので、**うちの課だけでは無理**だよ…

税金を使うわけだから、**しっかり検討した上じゃないと進められ**ないよ…

いろいろ考えて市民サービスを改善したいけど、**現業が忙しくて手が回らないよ**…

来訪時や電話で意思表明してくれる人はいいけど、**自らコンタクトしてくれない人たち**はどうなのだろう？

◇ 特定の顧客を想定したサービスデザイン ◇

ある特定の顧客（ペルソナ）を想定して、その人が抱える課題、悩み、心情まで徹底的に「共感」して、潜在的な欲求を理解するところが出発点。これこそがサービスデザイン思考が重視する人間中心のアプローチ

り、約3か月にわたるプロジェクトを実施しました。

　サービスデザイン思考では、最初のステップとして、観察とリサーチを通じて対象となる人々が抱える課題を深掘りしていくと同時に、感情や心情などの心理的な要素も含めて徹底的に「共感」することで、対象者の潜在的な欲求を理解するところから始まります。具体的には、母子・父子世帯の市民や、市役所職員、そのほかの連携機関に対して入念なインタビュー調査を行いながら、複数の市役所施設へプロジェクトメンバーが直接訪問し、サービスを疑似利用体験してみることで、利用者視点での課題を抽出しました。まさに人間中心（Human-Centric）のアプローチなのです。

　サービスデザイン思考では、多様なバックグラウンドと多様な視点を持つ多くのメンバーと密にコラボレーションすることを重視しています。それがイノベーションの源泉につながると考えているからです。そのため、第1ステップで得られた情報を基に、様々な参加者が一堂に会してアイディアを共創するワークショップを実施しました。実際のワークショップでは、福祉政策課の職員だけでなく、生活支援、子育て、保育の主管課や、外部の協議会、NPOメンバーなど、組織も役職も異なる混成チームを組成し、いろいろな人の視点での意見から、利用者に対する理解を全員が深化させ、課題の真因の識別と、将来の絵姿とアイディアを出し合いました。

　このように、千差万別な利用者の状況に対応するには、市役所だけでなく、地域コミュニティも巻き込んだ形で、多様な意見をミックスし、ブラッシュアップする場所が必要です。また、こうした共創・コラボレーションの場を持つことは、関係者の合意形成を迅速に行えるだけでなく、全員が納得できる手触り感のある結果を共有できる点が何より重要です。こうしたプロセスを経ることによって、「使えないサービス

◇ 顧客中心のサービスデザイン ◇

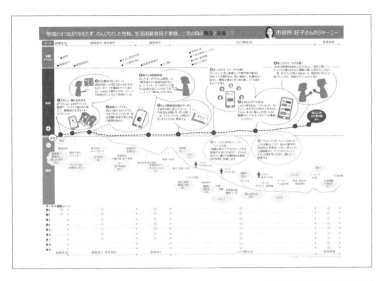

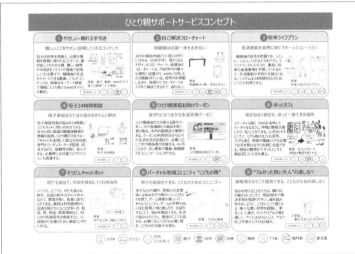

本質的な欲求・ニーズ・課題を解決するためのサービスと、その人の体験（ジャーニー）をデザインすることで、提供側の独りよがりにならない顧客中心のサービスが実現される

だ」「これはイメージと違う」と利用者から批判を受けたり、ニーズから外れたサービスが生まれたりするのを防ぎ、真に役立つものをクイックに立ち上げられます。確実に意見が反映されることで、利用者も積極的にフィードバックしてくれるため、スピーディーに改善できる環境を作れるのです。

■デジタルが実現する
"ハイパー・パーソナライゼーション"

　昨今、民間企業ではユーザーの嗜好に応じて、適切なタイミングで、適切なコンテンツを、適切なチャネルで届けることで、行動変容を促して購買行動につなげてもらう「パーソナライゼーション」という手法が多く用いられています。いかにも「パーソナライゼーション＝民間企業の売上向上施策」ととらえられがちですが、利用者の生活への関わりや緊急時における切実さを考えると、行政サービスこそ利用者の状況を高い解像度でとらえ、1人ひとりのニーズに寄り添った"ハイパー・パーソナライゼーション"とも言えるサービスの提供が求められているのです。

　これまでも、様々なニーズにきめ細やかに対応するべく、自治体や地域コミュニティの方々は支援の最前線で多くの努力をされてきました。半面、自治体の職員や窓口の数、対応時間、地域コミュニティに携われる人数などの物理的な制約が壁となり、思うような成果につながらない面もありました。この物理的な制約を取り払えるのがデジタルテクノロジーであり、人間中心（Human-Centric）のデザインを成し遂げるための変革がDXなのです。

　デジタル技術を活用することで、それこそ1人ひとりに専用の相談窓口（コンシェルジュ）があって、いつでも、どこでも、自分の状況に合ったサービスに気付かせてくれて、簡単に利用できる環境を実現できる

◇ 1to1 だからこそできること ◇

リアル

通常の役所は1人が大勢に対して対応。待たされることもあり、要望に応えることはあっても、個別に何か提案をすることはほとんどできない

デジタル

デジタルにより実現する1to1だからこそ、利用者その人にあったタイミング、要望への対応、提案が可能となり、より多くの人と、よりよい関係を築くことができる。今後はその役割がさらに広がっていく

> 個の「粒」をとらえるデジタルだからこそ、1人ひとりにフォーカスして応えられる。テクノロジーが実現するハイパー・パーソナライゼーションは、市民に寄り添う社会保障を追求するうえで必要不可欠だ

ようになります。スマートフォンの普及率が85%を超え、デジタル技術を安価に、スピード感をもって利用できるようになった今こそ、"ハイパー・パーソナライゼーション"の実現が求められていると言えるでしょう。

■あらゆるデジタルチャネルで、
市民をセルフサービスへ導く

こうしたサービスデザイン思考と、デジタルによるハイパー・パーソナライゼーションを融合して、革新的なサービスを提供している行政機関の事例を紹介します。

オーストラリアの国税庁（Australian Taxation Office、以下「ATO」）では、複雑な税制度のなかで納税者の個々人が抱えている困りごとや

ニーズを的確にとらえ、必要としているサービスへつなげるための取組みを積極的に進めています。みなさんのなかにも、自営業者や個人事業主など、毎年恒例の確定申告の手続きに追われた経験がある方も少なくないのではないでしょうか。オーストラリアでも、日本と同様、複雑な税制度に基づき、毎年の確定申告が国民の義務として求められています。これに対してATOは、2015年にデジタル活用戦略「Reinvent ATO（ATOの"再発明"）」を発表し、納税者や税理士、ATOの職員に至るまで様々な「顧客／ユーザー」に対して革新的なサービス体験を提供する方針を打ち出し、今日まで取り組んできました。そのなかで、サービスデザイン思考の方法論に基づき、ユーザーとのセッションを通じて抱えている課題やニーズを発見し、行政機関として提供すべきサービスを明らかにし、導入しています。

　たとえば、ATOのホームページにアクセスすると、右下にアニメーションが立ち上がります。「Alex」と名付けられたこのキャラクターは、オーストラリアの税制度・税務手続きについての国民の質問に応えるAIチャットボットです。過去の利用実績の分析から、よくある質問は選択式で簡易に選べるようにしてスムーズなコミュニケーションを促しつつ、フリーフォーマットでの質問へも対応し、以前のような窓口や電話の待ち時間を気にすることなく、悩める納税者の最初の受け皿になってくれています。

　ATOは、「Alex」による納税者コンタクトの改善だけではなく、納税者が正しく税の義務を履行できるようにするために、様々なサービスをシームレスに提供しています。たとえば、確定申告に必要な手続きを、基本的にすべてオンラインで、しかもモバイルで完結できるようにしたのが「ATOモバイルアプリ」。アカウントを登録して確定申告の画面を開くと、予め入力候補となる情報が埋められた申告用フォーマットが納税者に提示されます。前年の申告情報や、今年の給与情報や生命保険な

◇ ATO のホームページに現れる "Alex" ◇

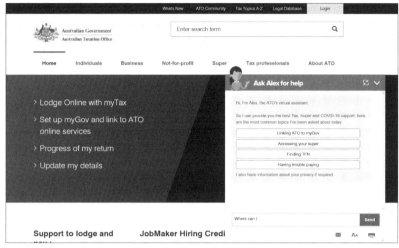

https://www.ato.gov.au/

どの控除関連情報がすべて自動で連携されているからです。

　この「Prefilled Tax Return（記入済申告書）」というサービスは、オーストラリアだけでなくヨーロッパを中心にした海外税務機関ではすでに導入されています。アイルランドやスウェーデンなどの先進機関では、個人向け所得税・法人税ともにほぼすべての項目に候補情報が入力された状態で納税者へ展開される仕組みです。納税者の利便性を高めつつ、機関同士の情報連携に伴う確認プロセスがあるため入力誤りや漏れを防ぐことにも貢献しています。

　さらにATOでは、モバイルアプリを直感的に操作できるユーザビリティ重視の造りにしたり、アプリを使った確定申告方法などについてすべて動画によるガイドを作成したり、とにかくユーザー＝納税者にとってわかりやすく、簡単に使いやすい工夫を随所に凝らしています。わかりにくさや煩雑さは、そのまま納税義務履行の障壁や間違いの元になる

Chapter 4

社会保障ＤＸが実現するもの 〜「私」に寄り添うデジタル・エコシステム

171

からです。さらには納税者にとって税は疎遠でとっつきにくいものというイメージにつながってしまうという問題認識のうえに立ち、徹底的にユーザー目線で手続きとサービスの改善を実践。ユーザー目線を磨くため、ATOでは、サービスを利用するユーザーにどのような人がいて、どういうニーズを持っているか、現状のサービスではカバーできていない困りごとがないかを深掘りし、ときにはヒアリングやワークショップを通じて直接意見をもらい、サービスへ反映させる取組みを継続的に行っています。

　こうしたユーザーにとってわかりやすく便利なサービスの提供によって、ユーザーは自分の状況と、自分に求められている手続きを正しく理解し、納税の義務を履行できる安心感や、手助けしてくれる税務機関側への信頼感を高められます。税務機関側にとっても、これまでは職員が窓口や電話などで手取り足取り大変なサポートに従事しなければならなかったのが、本当に助けが必要な人に必要なときにだけ対応することに集中でき、業務の効率化とサービスレベルの向上を実現できるわけです。

　この「セルフサービス／セルフコンプライアンス」を徹底する考え方は、税に限らずあらゆる行政機関において、サービス改善・利用者満足度の向上と業務の効率化を両立させるために重要です。Chapter2でも述べた社会保障領域における「自助」は、ただ「自分でやれ」と冷たく自己責任として突き放す意味ではありません。自分の力で自立した生活ができる充実感を持つための行動です。「公助」がその基盤になります。市民が不安や懸念なく安心して「自助」を進められるように、「公」がテクノロジーを駆使して個々人の市民と継続的な関係を構築して「助」けること。これが新しい「公助」として、今後の行政に求められる役割と言えるでしょう。

Column

デジタルという基本的人権（文：滝沢　啓）

　DXが進み、本Chapterで示したような施策が次々に実現され、行政手続きが何でもデジタルでワンストップ、かつセルフでできるようになると、デジタル・デバイスを持っていない、使い方のわからない人は、行政サービスから排除されてしまうのではないかという懸念が生まれます。この「デジタル・デバイド（情報格差）」の問題は、市民1人ひとりに寄り添うHuman Servicesの実現のためには避けて通れません。テクノロジーの進化から置いていかれた人たちを、このデジタル社会でどう手助けし、活躍してもらえるようにエンパワーできるかが、これからの社会保障にとっても重要なテーマと言えるでしょう。

　ベルギーの連邦政府は、2018年に「DBSF: Digital Belgium Skills Fund（デジタル・ベルギー・スキル基金）」を立ち上げています。これは「デジタル社会に生きるすべての人々が、年齢や背景、家庭状況に関係なく、平等に機会を得られるようにしなければならない」という政府の考えから、すべてのベルギー市民、特に貧困など恵まれない若者にデジタルスキルを身につける機会を提供することを目的とした、1,800万ユーロの予算規模を持つ基金です。同基金を運営する財団が選定するプロジェクトの1つは、30歳未満の若者のうち社会的に脆弱な人々を優先してデジタルトレーニングを提供しています。

　従来「デジタル・デバイド」と言えば、主にデジタル機器を使えない高齢者を指す言葉でした。しかし、MMD研究所が行った60~79歳の男女10,000名を対象にした調査によると、シニア世代のモバイル端末の保有率は92.9%で、そのうちの77%がスマートフォンを利用しているという衝撃的な数字が得られています。「シニア世代はスマホを使えな

Chapter 4 社会保障DXが実現するもの ～「私」に寄り添うデジタル・エコシステム

い」という常識は、現代のデジタル社会においてはもう過去の話になってしまったようです。こうした社会背景もあり、DBSFの資金援助の対象となるプロジェクトは、参加者に基本的なプログラミング・コーディングやオンライン・セキュリティを教えるものや、より複雑なデジタルスキルに焦点を当てたプロジェクトになっています。

　ベルギー政府は、デジタルスキルを身に付けることは、国民の有する基本的人権の1つとみなしています。1人ひとりがこれからのデジタル時代を生き、さらに活躍してもらうために、単にITを利用できるようにするだけではなく、デジタルを自分のスキルとして社会のなかで価値を生み出せる人材を育てることを積極的に後押ししているのです。

　ちなみにベルギーは、このファンドを立ち上げた2018年当時、デジタル経済社会指標（Digital Economy and Society Index：DESI）の評価でグローバル8位を獲得するようなデジタル先進国家にすでに位置付けられていました。このファンドの取組みは、それをさらに加速させ、デジタルで社会イノベーションを生み出そうというベルギーの野心が感じられるものになっています。

Chapter 5

社会保障DX成功の鍵
～トライアル＆エラーで 素早く成果に辿り着け

　高齢化社会や今後も長引く新型コロナについて、人不足・資金不足のなかで対応しなければならない今、社会保障行政は本当に変われるかどうかの瀬戸際にいます。DXをてこに変わり続けること、それが唯一、この変化の時代に本当に助けを必要とする市民に対して、タイムリーで適切なサービスを提供することにつながるのです。

　Chapter3の障壁を均した土壌にChapter4で示した解決の種を撒き成果の果実を得る、そのための成功の鍵について本Chapterで見ていきます。

　DXを推進するエンジンとして、あるべき行政職員と組織、サービスの裏側を支えるテクノロジー基盤、そして予算と調達の3つの視点から、社会保障DXを駆動するヒントや勘所を、アクセンチュアの経験・知見・方法論よりお届けします。

行政職員を「DX人材」へ

■DX人材の確保と育成

　Chapter4までに述べてきた通り、将来の社会保障デリバリーモデル
と新しい働き方を実現するためには、行政の仕事が新しいアイディア・
施策の検討やトランスフォーメーションそのものの推進にシフトしてい
く必要があります。そのための時間を捻出するにはAIやRPAなどのテ
クノロジーの活用が欠かせません。

　しかし、こうした方向にシフトしようとすると、現実には「どうやっ
て進めたらいいのかわからない」という壁に当たります。DXを検討し
た経験がなく、テクノロジーの知識もスキルもなければ、何から手をつ
けたらよいかわからず、途方に暮れてしまうことも多いでしょう。実際
に、様々な行政関係者から私たちのところへ悩みの相談が寄せられるこ
とは珍しくありません。

　民間企業でも組織のDXを進めるために「DX人材」に対するニーズ
が高まっていますが、そもそも「DX人材」とは何者なのか、どういう
スキルが求められるのか、どうやって組織のなかに確保していけばよい
のかが共通の課題認識となっています。特に、新型コロナの影響によっ
てデジタル活用が急速に進むなかで、これらの課題への対応は急務で
す。

　なお、絶対にやってはいけないのは、テクノロジーをどう活用してト
ランスフォーメーションするか、成果を出していくかが明確でないまま

に、AIやRPAなどの製品を買うことに終始してしまう、すなわち手段を目的化してしまうことです。

　本Sectionでは、海外行政機関におけるDX人材育成事例として、オランダにおける事例を紹介しつつ、アクセンチュアが提唱するDX人材の確保・育成の方法論をご紹介します。

■税のデータサイエンティスト集団〜オランダ国税・関税庁

　オランダ国税・関税庁（Dutch Tax Authority：DTA）は約3万人の職員を抱える税務機関です。もともとDTAは中長期的な業績とパフォーマンスの組織目標を定めていましたが、社会経済が大きく変化するなかで、今までの業務のやり方とチームの枠組み内でただ小さな改善を行うだけでは到底目標に到達できないと予想されたために、組織戦略としてビッグデータを活用した飛躍的なパフォーマンス改革を進める計画を策定しました。その際、現在の組織やシステムによる業務運用を維持するために、影響を最小限にしながら新しい取組みの効果を実証しつつ、組織内にビッグデータ・アナリティクス能力を醸成していくことを基本方針としました。

　アクセンチュアはこの取組みを支援し、始めに10人ほどの小規模なトライアルチームを組成。データ活用が本当にDTAに成果をもたらすのか、投資するリターンが見込めるのかを見極めるために、数か月間の小さなPoC（Proof of Concept：概念実証）プロジェクトをクイックにスタートさせました。ここでは、ある業務領域が抱えるパフォーマンス課題に対してデータ分析による成果を出すために、DTAの業務部門・システム部門の職員と、アクセンチュアのコンサルタント・データサイエンティストが「One Team」を組成し、業務分析と課題定義から、必要なデータ収集・加工・分析、本番業務への適用方法を考え、実際に導入・効果検証までを担当しました。

重要なポイントは、一過性の短期プロジェクトに終わらせず、中長期的な成長戦略の一環として取り組むために、その場しのぎの人集めではなく、将来的に、組織的なデータ活用の中核を担わせることを見越した職員を、各部門から選抜し参画させたことです。そのうえで、アクセンチュアが基礎研修として基本的なデータ分析やAIモデル構築についてのスキル学習の機会を提供しつつ、実際のPoCプロジェクトを一緒にこなすことで、OJT（On-the-Job-Training：実地研修）形式でアクセンチュアの専門家からDTA職員へスキルトランスファー（skill transfer：業務に必要な技術・知識の引き継ぎ）を効率的に行うプログラムとしました。

　この最初期のPoCプロジェクトが成功を収め、データ分析による業務改善とパフォーマンス向上の成果が得られると全員が確信を得たうえで、他の業務課題や業務領域へ同時展開していきました。その過程でも同様に、アクセンチュアの基礎研修プログラムと、PoCを通じたOJTプログラムの両輪で短期間に成果を上げながら、職員の能力育成を進めていったのです。

　2015年、DTAは中期計画をアップデートし、組織内の専門機関としてビジネスインテリジェンス＆アナリティクスグループを設置し、データアナリティクスを全組織的な変革の中核に位置付け、より大規模で広範囲にわたる業務・組織改革の推進を決定しました。このなかで、データアナリティクスによる業務効率化によって、最終的に既存の業務部門の職員5,000人を配置転換し、より付加価値の高い業務へ充てる方針を打ち出しました。並行してデータサイエンティストを中心としたデジタル人材の確保を進め、内部職員の選定・育成プログラムは継続しながら、同時に様々なデジタルスキルや新しいポジションの人材を合計1,500人目標で組織内に確保する方針を公式に発表しています。

　こうしたテクノロジー人材を組織内に備えようという流れは、民間企業でも顕著になっています。たとえば、世界有数の投資会社ゴールドマン・サックスでは、為替取引の自動化のために全社員の3分の1がコン

ピューター・エンジニアになったのは有名な話です。このように、今まで「フロント」と呼ばれてきた最前線の業務を担う人材だけではなく、それをデジタルで加速する人材を増やすことでビジネスの成長を牽引しているのです。この流れは、民間の世界に閉じた話ではなく、公共の世界でも避けられません。行政機関といえども、社会の変化に追随し、リードしていくために、組織と人材の劇的な変革が求められています。DTAは海外行政機関のなかでも先進的な事例ではありますが、今後こうした傾向はますます強まっていくでしょう。

■人、組織、経営を変えるアクセンチュアのDX方法論

　AI、ビッグデータ利活用、RPAなどの技術の進展とともに、スマートフォン、ウェアラブルデバイスによる便利なサービスが日々の生活に浸透してきており、便利さの享受は市民にとって「当たり前」になりつつあります。そうした市民の期待値が高まり、公共機関にも同じレベルのサービスを求める傾向がより顕著となっています。公共機関にとっても、組織のDXの推進が大きな課題となっており、じわじわと検討の圧力が強まってきているのです。

　アクセンチュアでは、これまで多くの官民の顧客のDX推進を支援してきた経験から、DX立ち上げにおける様々な領域・局面で活用できるアセット（知的資産）が蓄積されています。今回はその中から、DX人材に関するノウハウの一端をご紹介します。

　まず「DX人材とは何か、どういうスキルセットを持った人間を指すのか」という問いに対する100％の正解は存在しません。組織の目指す戦略と方向性、強化したい領域、活用が期待できるテクノロジーなど、組織の置かれた背景や状況に応じて千差万別です。そのなかで、代表的な要素をまとめた5つの人材像を紹介します。

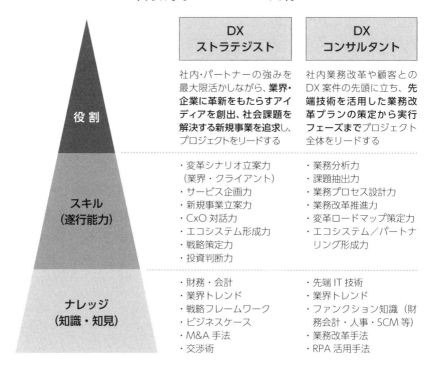

◇ 代表的な 5 つの DX 人材 ◇

	DX ストラテジスト	DX コンサルタント
役割	社内・パートナーの強みを最大限活かしながら、**業界・企業に革新をもたらすアイディアを創出、社会課題を解決する新規事業を追求し、**プロジェクトをリードする	社内業務改革や顧客とのDX案件の先頭に立ち、**先端技術を活用した業務改革プランの策定から実行フェーズまで**プロジェクト全体をリードする
スキル（遂行能力）	・変革シナリオ立案力（業界・クライアント） ・サービス企画力 ・新規事業立案力 ・CxO 対話力 ・エコシステム形成力 ・戦略策定力 ・投資判断力	・業務分析力 ・課題抽出力 ・業務プロセス設計力 ・業務改革推進力 ・変革ロードマップ策定力 ・エコシステム／パートナリング形成力
ナレッジ（知識・知見）	・財務・会計 ・業界トレンド ・戦略フレームワーク ・ビジネスケース ・M&A 手法 ・交渉術	・先端 IT 技術 ・業界トレンド ・ファンクション知識（財務会計・人事・SCM 等） ・業務改革手法 ・RPA 活用手法

①革新をもたらすアイディアを創出、社会課題を解決する新規事業を追求

②先端技術を活用した業務改革プランの策定から実行をリード

③データや科学的な根拠に基づいた企画を実現

④顧客の深層心理に基づいて最高の顧客体験を実現

⑤先端技術や開発手法を取り入れてシステム刷新をリード

　細かく定義すれば無数に存在しますが、共通して言えるのは、単にテクノロジーに強い"技術屋"がいればDXは成功するというわけでも、完璧なDX戦略・計画があれば上手くいくわけでもない点です。重要な

DX データ サイエンティスト	DX エクスペリエンス アーキテクト	DX テクノロジスト
社内業務改革や顧客との DX 案件の先頭に立ち**データや科学的な根拠に基づいた企画を実現**することを担保する	社内業務改革や顧客との DX 案件の顧客体験面で先頭に立ち、**顧客の深層心理に基づいて最高の顧客体験を実現**することを担保する	社内業務改革や顧客との DX 案件の IT 面で先頭に立ち、**先端技術や開発手法を取り入れてシステム刷新**するプロジェクトをリードする
・仮説設定力 ・分析設計力 ・分析モデル構築力 ・プログラミング力 ・アルゴリズム構築力 ・データモデリング力 ・データインテグレーション力 ・アナリティクス戦略立案力	・調査設計スキル ・サービスデザイン力 ・デジタルマーケティング力 ・カスタマー・エクスペリエンスデザイン力 ・UI/UX デザイン力 ・モバイルアプリ構築力	・アーキテクチャープランニング力 ・サービス・プロダクトプランニング力 ・アジャイル開発力 ・プロジェクト管理力 ・リスク管理力 ・スクラム実践力
・アルゴリズム知見 ・データモデリング手法 ・大容量データ分析基盤知見 ・クラウド製品知見 ・統計知識	・デザインシンキング手法 ・インタラクションデザイン知識 ・デザイン全般（ブランド・コミュニケーション・UI/UX） ・サービストレンド ・デザイントレンド ・体験設計アプローチ	・先端 IT 技術 ・アプリアーキテクチャー ・データアーキテクチャー ・CI/CD アーキテクチャー ・モダンアーキテクチャー

のは、業務、顧客対応、データとテクノロジー、そして戦略立案など、多種多様なスキルセットを持った人材が共通のゴールを目指す「One Team」を形成することです。この多様性のなかでこそ、互いの意見がブラッシュアップされ、よりよいサービスやイノベーションを生み出せるとアクセンチュアは考えます。

　次にそうした人材をどうやって確保するのか。DX に限らず一般的に、現状の組織内に存在しないスキルセットの人材を確保する方策、すなわちソーシングオプションには大きく 3 つあります。

　異動・配置転換や教育など組織内の人材を活用・育成する「Build」、

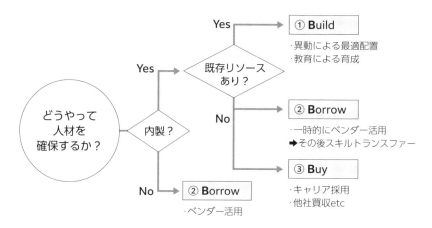

◇　ソーシングオプションの「3 つの B」◇

外部の力を借りる「Borrow」、そして新しく採用するなどして組織内人材を補強する「Buy」です。3つのうちどれか1つがベストではなく、組織の戦略と方針、タイミングに応じて最適なオプションを組み合わせることが重要となります。

　たとえばオランダのDTAでは、業務での効果創出をクイックに検証するためにまずは「Borrow」型でアクセンチュアの人材・スキルを活用しつつ、中長期的には組織のコア人材として内製化するために教育プログラムを構築（Build）したり、直接採用したり（Buy）、フェーズに応じて効果的に使い分けました。特に、組織として全く新しい取組みの場合に、成果が出るかどうかわからない試みに人材投資するのは経営層として判断できない部分も多いでしょう。そうした場合には、まず外注（Borrow）で早期にスキル人材を確保し、取組みの妥当性・実現性を見極めてからほかのオプションを判断する、というようなDTA事例型のアプローチが有効となります。

　公共機関においては、人事面での採用条件（報酬等）や評価、2〜3年スパンの人事ローテーションといった慣習や特性があるために、日進

◇ 公共機関と DX パートナーが "ONE TEAM" に ◇

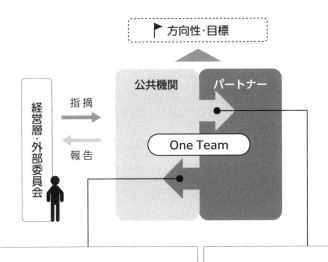

技術的知見
- RPA、AI-OCR、チャットボット等の知見
- データ分析、デジタルマーケティング、セキュリティに係る知見
- 他組織の導入事例、業界動向の調査結果

技術を試行する環境
- クイックにサービスを立ち上げ、技術要素の見極めや、業務改善（ミスなく、楽になる）を実感してもらえるクラウド開発環境
- 新しいアイディアを生み出すための専門家が常駐するスタジオ

プロジェクト推進ノウハウ
- 並走プロジェクトや組織内外のシステムとの連携におけるシステム特性の勘案
- 安全な導入・展開に際してのポイントの勘案

制度・組織・業務に係る知識・勘所
- 各種制度、業務に係る知見
- 組織内各部署との連携方法、エスカレーション方法
- 関係機関等との連携方法・タイミング

"One Team" での推進によるメリット

☐ 双方で**目標・成果を定義・共有**することで、DXパートナーが適切なタイミングで能動的に支援可能となり、検討スピードが向上

☐ **公共機関の職員は対外説明に注力**。またこのために、取組み内容 支援内容を深く理解することで**ノウハウを組織内に蓄積**

☐ 双方で現場での**DX化に対する温度感**や効果を共有しながら、**クイックにアイディアの交換、試行が可能**

Chapter 5

社会保障DX成功の鍵 ～トライアル＆エラーで素早く成果に辿り着け

183

月歩で進化するテクノロジーへ追随しながら、DXという幅広いテーマに対応する専門性の高い人材を獲得し、長期的に確保しておくことが非常に困難な状況にあるとChapter3でも指摘しました。世の中でも需要の高いDX人材、つまりスキルフルで期待報酬が高い人材を、民間企業とも競争しながら採用（Buy）していくことは、行政機関としてはかなりの困難を伴うと想像されます。この現状を打開して公共機関において DXを推進するためには、現場のオペレーションが置かれている状況を理解し、問題を「自分ごと」化して、DXを持続的に推進し続けるパートナーと協業することが重要です。このパートナーと伴走しながら公共機関のなかにDX人材を浸透させるには、先のDTAのように、「Borrow」と「Build」の組合せを中心にキーポジションを「Buy」する取組みは有効でしょう。こうした官民の「パートナリング・スキーム」を実現するテクニカルな方策については、Section5-4で詳述します。

　最後に、外部の専門知見とスキルを活用しながらも、組織のコアスキルやコア人材として内製化すべきスキルセットを見極め、職員へ教育・研修していく「Build」についても推進していく必要があります。アクセンチュアでは、人材育成の基本アプローチとして、全職種共通の基礎研修によってDX人材としての基礎を習得したうえで、職種に応じた専門的・実践的な研修へ段階的にスキルを深化・定着化させていくステップを重視しています。DTAの成功事例と同様に、初めに座学でDXの取組み全体を俯瞰的に理解したうえで、チームの共通言語・共通マインドを醸成して円滑なプロジェクト運営の基盤を構築しながら、そのプロジェクトへの参画を通じて、単なる技術習得だけでなく、DXにおいて重要な成果へつなげられる「実のある力」と専門性を磨き続けることが欠かせません。

　そして何より重要なのは、個別の研修プログラムと合わせて、育成対

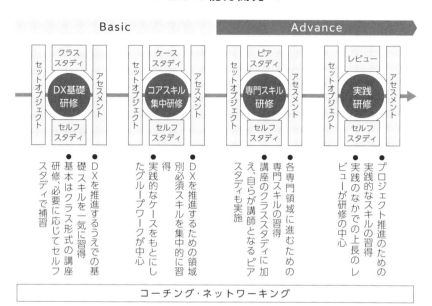

Basic　　　　　　　　　　　Advance

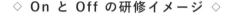

コーチング・ネットワーキング

- DXを推進するうえでの基礎スキルを一気に習得
- 基本はクラス形式の講座研修、必要に応じてセルフスタディで補習

- DXを推進するための領域別必須スキルを集中的に習得
- 実践的なケースをもとにしたグループワークが中心

- 各専門領域に進むための専門スキルの習得
- 講座のクラススタディに加え、自らが講師となるピアスタディも実施

- プロジェクト推進のための実践的なスキルの習得
- 実践のなかでの上長のレビューが研修の中心

◇ On と Off の研修イメージ ◇

On

伴走育成でのフィードバック

共に業務遂行することでDXに必要なスキル・マインドセットをOJTのなかで獲得

DXプロジェクトにおいて**コーチが伴走**しDX人材としての行動を示し、**具体的に指導**

コーチ

目標設定・1on1

中長期目標（1-3年）と**学習目標**の設定

定期的な1on1（上長への**キャリア支援**講座も実施）

上長　　コーチ

Off

研修プログラム

講義でのミニテストやグループワークを通じて**理解度と育成状況を把握**

実践で使えるスキルとすべく、アクティビティ中心に個別FB

コーチ

育成対象者

スキルアセスメント

個人・全体レベルを**定量化**
⇔ 他者レベル比較

3か月ごとに上長とACコーチがアセスメントを実施し**成長を可視化**

上長　　コーチ

象者に自分の現在地と次に向かうべき方向性、目指すべき人材像を理解させ、成長へモチベートさせる活動です。

　たとえば「Off（座学、個人学習）」と「On（業務内研修＝OJT、カウンセリング）」の双方を通じたスキルアセスメント、1on1ミーティング（面談）や伴走型人材育成によるフィードバックを通じた、スキルレベルや適性を客観的に評価する手法などが挙げられます。これを実現するためには、職員がDXに資する人材を目指すこと、専門スキルを身に付けることをきちんと組織として評価できる仕組みの構築が必要です。

■ "Digital Fluency" を磨く

　2020年に始まった新型コロナによるパンデミックの影響で、世界中の企業が労働力の大部分とオペレーションを離れた場所に移動させなければなりませんでした。しかし、多少の混乱を伴いながらも、デジタル・テクノロジーの力により過去に例を見ないスピードでその変革は実現されたのです。近年、DXはあらゆる機関にとって優先事項になりつつありましたが、今では「デジタルであること」はもはや単なる願望などではなく、組織が生き残るために不可欠な要素となっています。

　アクセンチュアが2020年に行ったグローバル調査によると、デジタルが浸透し成熟している（使いこなしている）組織は全体のわずか14%に過ぎませんが、「Digitally Fluent（デジタルを"流暢"に使いこなす）」な先進企業は、社内の変革を迅速にかつアジャイルに進め、イノベーション、人々の体験、顧客価値に大きな利益をもたらしています。

　ある組織心理学者は、デジタル化の推進には、3つの要素を整える必要があると提唱しました。これに基づき、デジタルを組織に取り込むうえで重要な指標として、労働力のテクノロジー指数（Technology Quotient：TQ、テクノロジー全体で見られる労働者の熱意、専門知識、

◇ Digitally Fluent な先進企業 ◇

"Digitally Fluent"な企業は、収益成長率で業界をリード

2.7倍 過去3年間で高い収益成長率（20％以上）を達成している 企業が多い

5.4倍 向こう3年間で高い収益成長率（20％以上）が予想される 企業が多い

"Digitally Fluent"な組織は、顧客と従業員の信頼を獲得し、
イノベーションリーダーとして認知されている

69%
従業員から "great place to work"（素晴らしい労働環境）と認められている

68%
顧客満足度で業界をリードしている

62%
業界をリードするイノベーションを実現している

61%
仕事の生産性で業界をリードしている

> グローバル・デジタル・フルエンシー調査として、アクセンチュアが2020 年に 12 の地域、5,400 人以上の労働者を対象に調査。Digitally Fluent（デジタルを流暢に使いこなす）企業は業界をリードするパフォーマンスと従業員満足度を獲得している

◇ 従業員のテクノロジー要素別 TQ スコア ◇

テクノロジー要素	従業員 TQ スコア
デジタルコラボレーションツール	3.5
RPA（ロボティック・プロセス・オートメーション）	3.3
クラウドコンピューティング	3.2
AI（人工知能）	3.2
サイバーセキュリティ	3.0
IoT（モノのインターネット、センサーデータ活用）	3.0
統計分析、データアナリティクス	3.0
VR、拡張現実	2.7
ブロックチェーン、分散台帳技術	2.6
ロボット工学	2.5

> アクセンチュア・グローバル・デジタル・フルエンシー調査から、4,500人の従業員調査結果より。TQ スコアは最低 1 点、最高 5 点で採点。デジタルツールやテクノロジーは多くの人に価値をもたらしているが、こと従業員の利用スキルに関しては、まだまだ十分に定着していない

価値）を定義しています。

- **正しい態度**：デジタル化の改革トピックに熱心でなければならない
- **適切なスキル**：成功するために必要なスキルを備えなければならない
- **社会的関連性**：デジタル化が仕事と組織にとって価値があることを理解しなければならない

　実はこの3つの側面すべてを考慮に入れているデジタルスキル習得の取組みはほとんど見られません。アクセンチュアがグローバルの労働者（企業・公的機関の従業員）5,400人を対象に行なった調査では、特にデジタルスキルの成熟度に関して、労働者層は十分ではなく、市場平均からも非常に遅れていることが明らかになりました。

　みなさんの会社、組織に当てはめてみてください。たとえば、前ページ下図に挙げたテクノロジー要素とその価値についてどれぐらい知っていて、自らの組織の業務やビジネスに関係のあるものとしてとらえられるでしょうか。問題提起をしている私たちアクセンチュア自身も、TQスコアが必ずしも高くないという課題に危機感を持っています。
　テクノロジーがビジネスに欠かせない今、アクセンチュアでは、日進月歩で進化する新しいテクノロジーの本質を積極的かつすばやく学び理解するための「TQトレーニングプログラム」をグローバルの全社員に提供し、参加必須の取組みとして進めています。これは、戦略・業務コンサルティングから、テクノロジー、オペレーション、マーケティングまで社内のどの組織に属する社員であっても、あらゆる顧客のあらゆる現場で、デジタルを活用した変革を常に支援できるように、最新のデジタル・テクノロジーの素養を当たり前のものとして社員が常に身に付けていくことを狙ったものです。デジタルスキルを向上するトレーニングを通じて、社員のレベルやDX人材の規模を定量的に可視化でき、組織

◇ テクノロジーの基礎力を高めるアクセンチュアの取組み ◇

なぜTQを高めることが必要なのか

テクノロジーがビジネスに欠かせない今、TQを高めること、すなわち、新しいテクノロジーを学び理解することは、自身のスキル向上や成長、さらには、ビジネスの洞察力を高めることにもつながる。

- 新しいテクノロジーについて、その概要と要点を周囲の人々に説明する
- 新しいテクノロジーやその可能性について、誰とでも有意義なディスカッションを行う
- 様々なテクノロジーについて、現場への応用方法を具体的に考える

TQトレーニング概要

ビデオ視聴		アセスメント実施
・テクノロジーの概要　・他テクノロジーとの組合せ ・なぜ重要か　　　　　・事例 ・どのように使われるか		クイズ形式での 理解度確認

主な学習トピック

1. クラウド
2. AI・人工知能
3. ブロックチェーン
4. アジャイル & DevOps
5. セキュリティ
6. データ
7. プラットフォームサービス
8. インダストリー X.0
9. 5G
10. 拡張現実（AR/VR）
11. 量子コンピューティング

としてどうDX人材を確保・育成していくかを検討するベースを得られることも重要なポイントです。

　こうした取組みは決してテクノロジーを扱うコンサルティング企業だから必要というものではありません。「デジタルを"流暢"に使いこなす」ことは冒頭に述べたようにすべての組織が生き残るために不可欠な要素なのです。

　ただし、これまで見てきたように、DXに必要なスキルやケイパビリティは多岐にわたります。テクノロジーの素養を身に付けることは必須ですが、すべての労働者が「技術者・エンジニア」になる必要があるわけではありません。「餅は餅屋」と言われる通り、テクノロジーを直接

使いこなすスキルを持つ人材については、民間のテクノロジー企業との協業を上手く活用することも、スピーディーに取組みを進めるうえでは当然考慮すべき選択肢となります。

　では、行政職員にとって、DXを成功させるために本当に必要なスキルとは何でしょうか。DXの中心地となる組織の労働者に求められること、行政職員が絶対に身に付けなければいけないものは、「ビジネス・ケイパビリティ」だと私たちは考えます。組織におけるデジタル化の価値を認め、「市民中心」を前提として自分たちの業務・サービスにテクノロジーを融合させる思考ができる能力、そして、高い成果の見込める取組みを自ら推進できる素養です。これは、今の時代、さらには今後のポスト・デジタルと呼ばれる時代に、テクノロジーと社会がどのように変化したとしても、そのなかで組織が生き抜くために本質的かつ普遍的に必要な能力となります。

　実際に、アクセンチュアが支援してきたDX成功の現場においても、その中核にいたのはいわゆる"技術屋"ではなく、デジタルを自らのビジネスに取り込もうという熱意と、関係者を巻き込んで組織全体を動かそうというリーダーシップが存在していたことは間違いありません。アクセンチュアのようなコンサルティング・テクノロジー企業は、様々な組織のDX実現を強力にサポートしますが、そのビジネスの中核を担うのはお客様自身にほかならず、代わりとなる"技術屋"を中心に置くことはできないのです。

　10年後、社会保障行政の行き詰まりを防ぎ、社会変化に翻弄され困窮する市民を助けるためには、こうしたビジネスのエッセンスを行政運営に織り込み、成果に対してコミットする意思を持ちながら、試行錯誤しつつ解を出し、業務と組織を変えていかなければなりません。その覚悟と責任を持つことが何より重要であると考えます。

縦割り組織を束ね、
バリューを追求するDX推進組織

■変革を推進する組織へ

　DX推進の障壁として、個々の人材育成とスキルセット以上に大きな問題が、今存在している縦割りの各部門を束ねて、業務と組織全体の変革を推進できるチームをどう組成するか。現業で忙殺される既存組織を上手く巻き込み、外部の専門家とも上手くコラボレーションしながら、改善・変革の効果を示し、実感してもらい、組織全体でDXを推進していく空気や土壌を醸成していく機能が求められます。

　ここでは、組織レベルの変革を実現し機能させたイギリスの事例などを参考に、組織を変革の「足かせ」でなく、強力な「推進剤」に変化させるためのポイントを示します。

■イノベーションを生み出す「ガレージ」「道場」「温室」
イギリスDWP

　イギリス雇用労働省（DWP）は、Chapter4でも紹介した通り、全組織的なオペレーション自動化を始めとするデジタル施策を打ち出しています。DWPでは、最高デジタル・情報責任者（Chief Digital and Information Officer：CDIO）直下に、様々なイノベーションを生み出すためのデジタル部門「DWP Digital」が存在しており、さらにそのなかで複数のユニークなチームが、目的と役割に応じた専門機能を持ってい

るのです。

　Chapter4にも登場した全省的な業務自動化を推進する「Intelligent Automation Garage（IAG）」は、まるで車やバイクを修理したりチューニングして性能を向上させたりする「ガレージ」の名の如く、様々な組織業務の自動化余地を調査・分析し、試行・検証する場として位置付けられています。ここで職員と外部のエンジニアが協業してイノベーションを形作る、まさにイノベーションセンターとしての機能を果たしているわけです。

　DWPのイノベーションセンターは、IAGだけではなく、階層的な組織構造を採っています。これは、IAGが所管する部門の業務改善や自動化だけで終わらせず、浮いた人員と時間を、ほかに人手を必要としている業務へシフトさせ、そのほかの業務の付加価値もさらに高めていく好循環を生み出すために、イノベーションを複層的に生み出すための仕掛けとして機能しています。職員の能力を引き出し、組織のパフォーマンスを高めようという意図が組織体制作りにも汲み取れます。単発のイノベーションは天才や偶然の産物かもしれません。しかし、組織を維持・改善するためのイノベーションを一貫して生み出し続けるには、そのための「アーキテクチャー（構造）」が必要です。アイディアから成熟段階を経て、組織規模のソリューション（解決策）に至るまでの、イノベーション・アーキテクチャーとも呼ぶべき3つの階層からなる組織構造をDWPは作っています。

　IAGは一番上の階層にあり、現在の業務やサービス運営における課題を自動化により解決し、業務を効率化し、職員の手を解放することを主眼に置いています。

　2階部分にある「DWP Innovation Dojo」は、よりハイレベルな組織課題の解消に向けて、最新のテクノロジーの戦略的な活用を志向する場です。興味深いのは、ただイノベーションセンターとしての役割だけで

◇ DWP の組織構造 ◇

IAG Intelligent Automation Garage — 課題の自動化、業務の効率化を目指す

DWP INNOVATION Dojo — 未来のサービスと業務のあり方を試行しながらイノベーションの方法論を見つける

DWP Greenhouse Growing ideas, delivering innovation — 新興テクノロジーやサービスのアイディアなどを探索

なく、「道場」の名の通り、学習や修練の場としての役割を持たせている点です。ここでは、従前の業務やサービスの形態に囚われることなく、市民を第一に考え、テクノロジーを活用した未来のサービス・業務のあり方をとことん追求しています。

　たとえば、年間7億件を超える給付金支払いにおける顧客クレームとその対応コストの問題、デジタルサービスを実現するうえでのIDと信頼性の問題、リアルとデジタルを跨いだシームレスな市民接点のあり方など、現時点では答えの存在しない、組織レベルで取り組むべき課題に対して、ブロックチェーン（分散台帳技術）、画像認識AIと生体認証、クラウドなどのテクノロジーの活用策のPoCを行っています。Dojoに参画する職員は、当然ながらPoCやアジャイル開発の経験やスキルが全くない人たちが中心。アクセンチュアのような外部の専門家と連携して1つのチームを組成しながら、デザイン思考によるアイディア出し、クイックなプロトタイプ開発と検証、そして本番展開に向けた戦略や投資計画策定と、アジャイル型問題解決とコラボレーションの方法論を職員が習得することを目的の1つとしているからでもあります。まさに、Dojoで鍛えられた練習生がさながら師範代となって、組織全体へその

ナレッジを展開し定着化させることに一役買っているのです。

　最下層の「DWP Greenhouse」については、アクセンチュアのチーム
が中心となり、よりテクノロジー駆動型の取組みとして、将来的に
DWPに役立ちそう、あるいは活用の余地が生まれそうな新興テクノロ
ジーやサービスのアイディアなどを探索する基礎研究の場として位置付
けています。文字通り「温室」として、ここで見出され育てられたイノ
ベーションの種を、「道場」や「ガレージ」での検証・活用につなげる
役割を持っているわけです。

　3階のIAGだけでは、単に業務の効率化や省力化で終わってしまうで
しょう。DojoやDWP Greenhouseという複層構造の仕掛けを用意する
ことによって、現状に囚われないアイディアを生み出したり、職員の能
力を引き出し新たなスキルを身に付けさせたりすることを可能としてい
るのです。テクノロジー駆動の組織を実現するためには、これらのイノ
ベーションを生み出す組織構造に加えて、新しいアイディアを生み出せ
る組織文化への変革も非常に重要な要素となります。

　アクセンチュアUKのマネジング・ディレクターの1人は、DWPにお
ける協業プロジェクトを振り返って、こう語っています。

　「DojoやGarageのような成功を収めた革新的なチームは、テクノロ
ジーのスキルセットよりも、オープンでコラボレーションに富んだ、
『Can-Do』の文化によって定義されていると考えます。イノベーション
は常に境界線から生まれます。ダイバーシティ（多様性）、思考、スキル、
そのほか様々な要素が、よい意味での境界線をたくさん作り、その境界
線上で異なるアイディアが出会い、進化していくのです。コラボレー
ションが増えれば増えるほど、私たちはよりよいものを手に入れられま
す。ある課題に直面したときに私が最初に考えることは、以前は『どう
やって解決するか？』でした。今では、その習性に抗って、代わりに『誰
が解決すべきか？』とまず問うようにしています。最適な人材の組み合

わせと最適なグループ文化がイノベーションの出発点なのです」

　様々な人材が一堂に会し、1つのチームを組成する結果、イノベーションの源泉となる——DWPのイノベーション・アーキテクチャーは創造的なコラボレーションの場となることで、Chapter4で紹介したドラスティックな改革を進めるソリューションを生み出し、DWPをテクノロジー行政機関たらしめる基礎を形作っているのです。

　同じようなコラボレーションを重視したイノベーションセンターはほかの海外機関でも生まれ始めています。

　アメリカ内国歳入庁（IRS）は、E-File（電子申告）プログラムを通じて納税者に無料のオンライン税務サポートと電子ファイルでの情報提供・提出のオプションを扱っていますが、これらのサービスはIRS自らが開発したものではありません。いくつかの民間企業によって開発された既存のアプリケーションをIRSが認定し、IRSのオンラインポータル「IRS.gov」を通じてアクセスできる形式をとっています。

　フランスの公的職業安定組織（日本の職業安定所、ハローワークに当たる）「ポール・アンプロワ（Pole Emploi）」では、外部のパートナーと連携して、革新的な行政サービス提供プラットフォームを構築しています。2015年に「L'Emploi Store」と呼ばれる各種サービス・データ管理のポータルサイトが公開され、ポール・アンプロワによる求人求職データの統合管理と公共、民間、非営利セクターのパートナーが関連するサービスを提供し登録する仕組みです。現在ではおよそ180のパートナーから約300のサービスが寄せられています。また「Le Lab」と呼ばれるイノベーションセンターを内部の組織として設けているのも特徴の1つ。求職者や雇用主、カウンセラー、スタートアップ企業を集めたセッションやハッカソン＊を通じて新しいデジタルサービスを共創する場となっています。

　こうした取組みは、アプリケーション自体を開発するための時間とリ
ソースを必要としなくなるだけではなく、「よりよいサービスを提供す
る」という民間企業に強く存在するインセンティブを活用することで、
結果的に市民満足度の高いサービスを提供することにつながっていま
す。

■DXは「エッジ」なチームと「バリュー」の司令塔が動かす

　DWPの事例を振り返りつつ、アクセンチュアの様々なプロジェクト
経験と方法論から、DX推進に必要な組織についてのポイントを2つ紹
介します。

　1つは、組織におけるDX実現のためには、DXを強力に推進できる専
門チームの存在が必要な点です。そもそも行政のみならず民間企業にお
いても、既存の社内組織のミッションは基本的に現業の推進と拡大する
ことにあり、事業やサービス自体の変革を主目的とする部署は存在しま
せん。このため、既存の組織運営や慣習や風土がデジタルによる変革の
足かせになるケースは少なくないのです。
　以上の点を踏まえると、既存の事業推進と改善・拡大をミッションと
する「コア組織」とは切り離した独立組織として、デジタル変革をミッ
ションとする「エッジ組織」をゼロベースで立ち上げ、変革推進のビー
クル（乗物・媒体）とする形が、デジタル組織づくりの成功モデルの
1つとなります。実際のところ、行政機関に限らず、既存の組織体系を
変えるのはものすごい労力を伴う取組みである一方、現業も既存事業を
推進・成長させるためには欠かせません。そこで、縦割りの壁を無理に

◇ DX を推進するための「エッジ組織」の役割 ◇

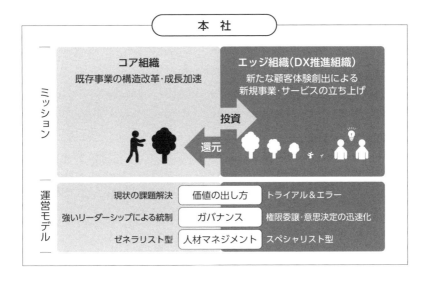

壊すのではなく、縦割りという概念がない新組織を立ち上げ、そこに多様な現組織から人材を集め、コラボレーションさせる仕組みがとても有効です。DWPにおけるDWP Digitalと3層構造のイノベーション・アーキテクチャーはまさにこのモデルを体現していると言えるでしょう。

　DXに欠かせないもう1つの要素として、DXという変革がもたらす成果（Value）を組織全体レベルで適切にマネージする機能を備えることが挙げられます。エッジ組織においては、様々なアイディアをトライアル＆エラー（試行錯誤）で評価・改善しながらイノベーションを目指していくアジャイル型のプロジェクト運営が必要不可欠です。

　ただし、このトライアル＆エラーの営みを効果的に成り立たせるためには、目指すべきゴールが必要です。つまり施策とアイディアが、顧客や組織にどれだけの価値を提供するのかという指標が存在しなければ、たちまちに露頭に迷うことになりかねません。アクセンチュアが見てき

◇ バリューのために組織を統括する VRO ◇

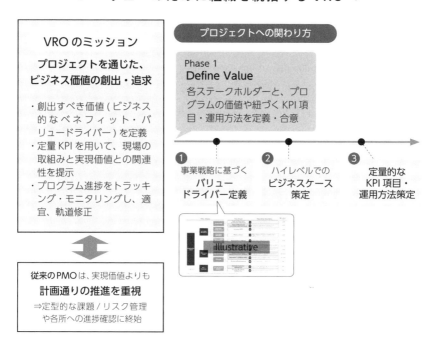

たDX失敗の主要因の１つでもあります。

　そこでアクセンチュアでは、DX推進の司令塔として、「Value Realization Office（VRO）」という管理機能の必要性を提唱しています。一般的なプロジェクトには、プロジェクト全体の管理機能として「Project Management Office（PMO）」が設置されますが、VROとPMOは似た位置付けでありながらも、主眼が大きく異なります。従来型のPMOは、「計画通りのタスクの遂行」をミッションとして、定型的な課題・リスク管理や各サブチームへのタスク進捗確認に留まるのが一般的。VROは、「プロジェクトを通じた価値（ビジネス的なベネフィット）創出」をミッションとして、達成すべきKPIの策定とその達成状況として進捗モニタリングを行います。さらに継続的にプロジェクトが創出した「Value」を評価し、未達ならば迅速かつ柔軟に課題解決と新たな打開策

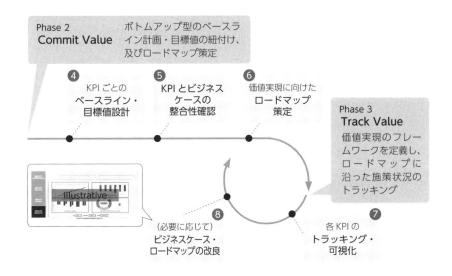

DXのような柔軟かつ臨機応変な対応が求められる取組みには、ゴールを見定めて、成果を追求し、全体を指揮する司令塔が必要不可欠だ

の推進とロードマップ更新を行い、最終的なゴールの実現（Value Realization）にコミットするところまでが責務です。

　VROがカバーする一連の機能を、たとえば経営層直下のチームとして備えれば、DXにより得られる成果を最大化できます。必要な人材や技術リソースの最適配置を指示したり、後述する改革予算を最適な場所に投下し、最大のリターンを得たり、組織レベルの判断が可能となるからです。VROは、そうした経営判断を行うための情報をまとめ、KPIを管理し、経営ダッシュボード＊のようにトラッキング・可視化することで、組織全体を動かすDXを成功に導くように働きかけます。

＊経営ダッシュボード：操縦席のダッシュボード（計器盤）のように、経営の舵取りに必要な情報をすべて可視化し、一目で状況判断できるように集約して表示する情報システム機能のこと。

実はVROのような機能を設けて効果的に運営できている組織自体、あまり多くないかもしれません。利益追求など明確かつ定量的なバリュー（成果）定義がない行政機関となればそれはなおさらでしょう。しかし本来的には、税金を使用した取組みの結果、適正な成果が得られたかどうかの説明責任を果たす意味で、VMOは行政機関にとっても非常に重要な営みだと考えます。DX推進をきっかけに、VROを設置し、適正な経営判断を可能とする仕組みを行政機関に設けること自体も、DXによる大きな恩恵になるでしょう（予算運営の適正化に関してはSection5-4で詳述します）。

■市民とのコミュニケーションを統合する 「ハンバーガー」？

　ここまでは、組織内部でいかにイノベーションを生み、テクノロジーを活用したよりよいサービスを作るかという行政サイドの視点で、その事業を主導する横断組織の重要性を見てきました。もう1つ重要なのが、市民の視点です。最終的な受益者である市民に対して、1人ひとりのニーズを踏まえたHuman-Centricなサービス体験をいかに作るか、制度や組織の縦割りという壁を越えて市民との接点をいかに統合・最適化（ワンストップ化）するか。言い換えると、Chapter4で紹介した「1人ひとりに寄り添うハイパー・パーソナライズされた社会保障サービス」が鍵となるのです。

　その実現にあたっては、現状の国、自治体、地域コミュニティで分断されているサービスや周知広報を含めたコミュニケーションの設計と効果の検証についても、利用者がどう受け止め、感じ、行動しているかという「体験」の視点で横断的に考えていかなければなりません。しかし、社会保障に関するサービスにおいては、監督官庁である厚生労働省の各局・各課を中心に、地方自治体と地域コミュニティが縦割りの壁のなか

で個別に検討を行っている現状があります。

　民間企業でもこうした分断は発生しています。たとえば、オンラインでの購買体験と店舗での接客が分断されている、顧客の購買履歴とコールセンターでのサポートの連携がとれていない、同じブランドであってもマーケティング担当がマスメディアやデジタルメディアのチャネルごとに分かれているためブランドとして一貫性を保てていないなど、顧客視点での統合的なサービス提供がなされていない例は枚挙にいとまがありません。さらに、ブランドや事業部ごとに異なる制作会社を利用して、同じようなブリーフィングをそれぞれのノウハウの元で行っていたり、同じようなコンテンツを重複して発注していたりなど、非効率なオペレーションも多く発生しています。マーケティングの効果についても、「とりあえず認知される」ために広告を打つことに終始し、ビジネス成果がどの程度あったかが検証されていません。たとえ検証されていても、どういう指標で評価するかが担当部門によってバラバラで、全社的な視点で見たときにどこに注力して投資すべきか、アクセルとブレーキのいずれを踏むべきかの判断が難しくなっている状態も多くあります。

　民間企業では、こうした状況に対して、社内に顧客接点CoE（Center of Excellence）という組織や横断的な枠組みを作ることで、顧客接点の全体最適を図っています。次の3点を意識して、全体で見るべき範囲と個別最適すべき範囲を明確にするわけです。

　①顧客体験やビジネス戦略は全体を通じて考える
　③メディアやマーケティングオペレーションなどのコンテンツは集
　　約しながら最適な組み合わせを選択する
　③効果検証と改善は同じ指標に基づいて組織全体で行う

社会保障をはじめとした行政サービスと市民接点の設計においても、

制度や組織を越えて全体的な統合指揮の下で各関係機関が連携し、市民にとってシームレスでわかりやすい体験を提供できる仕組みを構築することが、真のワンストップ行政、Human-Centricな行政サービスの実現のために必要不可欠です。

　こうした仕組みの構築にあたって重要なポイントは、全体のサービスに関する体験（言わばブランド）設計と効果検証を行う機能と、個別のサービスに関する体験設計を担当する機能が連動して、全体としての一貫性と個別最適を両立させる仕組みを作ることです。アクセンチュアでは、これを「ハンバーガー」になぞらえたマーケティングと顧客コミュニケーションの新たなモデルを提唱しています。ハンバーグやトマトやチーズなどいろいろな個々の具材を上下のバンズで挟み込むことでハンバーガーという1つの料理が完成するように、リアル・デジタルの各種サービスチャネルや市民広報などの市民接点に関わる個々の"具材"に、全体の戦略と効果検証の仕組みというバンズが合わさることが重要なのです。この「ハンバーガー型」とも呼ぶべき組織の枠組みを社会保障行政で実現するうえでのポイントは2つあります。

1．市民接点・体験の全体設計と効果検証は大臣・首長直下に集約（ハンバーガーのバンズ部分）

　行政機関や地域コミュニティなどを横断的に連携させたシームレスな行政サービス体験を実現するためには、市民のサービス体験デザイン、ビジネス戦略と目標など全体設計に関する領域や、その効果検証と改善の全体マネジメントは集約して行うことが必要不可欠です。まさに「顧客部門」とも呼ぶべき市民接点を統括する機能と、前述したVROに相当する機能を、大臣や首長などの組織トップレベルないしはトップ直轄の組織が担うことで、個々の担当業務の範囲を越えた市民との接点やコミュニケーション全体の一貫性担保と効果的な経営・投資判断（予算配分）を実行力を伴って行えるようになります。また、効果検証を通じて

◇ ハンバーガーのような構造のマーケティングモデル ◇

集約と分散を横断的に行うことで
利用者にとってシームレスで使いやすく、
費用対効果が高いサービスを実現

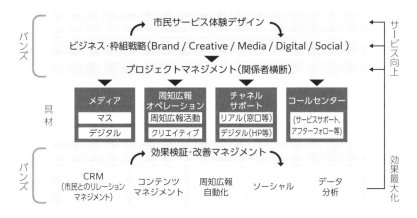

「顧客＝サービスを利用する市民の声」もこの全体機能のなかに集約されることになるため、利用者の実態に即した政治判断が可能となるという観点でも、大臣や首長レベル直轄の枠組みがより有効です。

　社会保障領域の場合、たとえば、失業や労災時の保険申請や求職、疾病時の健康保険と医療助成、老後の公的年金など、「日々の生活に困った時や不安を覚える時に、どこにどうやって助けを求めることができるのか」が誰の目からも明らかになっていることが市民1人ひとりの安心・安全につながります。そのためのベースとして、社会保障セーフティネットとの接点と市民の体験が、制度や手続き方法によらずに一貫していることが非常に重要です。これを実現していくために、厚生労働大臣やVROとしての大臣官房が主導し、厚労省下の年金局、保険局、職業安定局などの各部局が連携して、全体の市民体験デザインやマーケティング施策を検討する体制を作る必要があります。また、厚労省支配

下でもこうした連携がとれることによって、関連する他機関とも効率的に連携し、さらに広い範囲で市民中心の体験を作れるようになるでしょう。この点について次で詳しく見ていきます。

２．個別体験の最適化とエコシステム・パートナーシップの構築（ハンバーガーの具材部分）

「バンズ」による全体方針とマネジメントの下で、リアルの窓口やコールセンターからのオンラインでのデジタルサービス、各種広報などのあらゆる市民接点を、サービスの効果が最大化できるように各担当部門の下で検討・推進するのが、ハンバーガーの具材に相当する部分です。全体の体験デザインの方針やビジネス目標を設定するバンズによって、"具材"にもたらされる重要な点が２つあります。

1つは、行政として目指すべきゴールや将来像などが定義され関係各機関に共有されるため、個別施策の取組み目標も全体と一貫した設定が徹底される点です。その際、これまではバラバラに検討、あるいは効果評価さえしていなかった行政の現状に対して、より効果の高い施策を推進する、取組みの投資対効果（ROI）を最大化させることが担当各部門の責務として求められます。一方で、全体を束ねる指針ができたことで、各担当組織においても以前より明確かつ効率的に目標定義と効果検証を行えるようになるため、バリューマネジメントの仕組みを組織全体に根付かせる一助にもなるでしょう。

もう1つは、各サービスや広報施策の実行における外部のパートナーとの連携において、より公平性・透明性を持たせながら、効果の高い調達ができる点です。これまでにも方針策定やシステム開発、政府広報について、調達により外部の広告代理店・制作会社・テクノロジーベンダーとの協業は行っていましたが、調達元の担当部門がそれぞれ独自に調達仕様を準備し公示して事業者を決定するという手続きのために、全体として個別最適に留まる連携になるケースが多々ありました。ところ

が、「バンズ」によって取組みの全体像や目的、ゴールが定義されたうえで各調達案件の位置付けとゴールも設定されるため、1点目と同様、外部の関係機関や民間の事業者にも目的と背景を容易に共有でき、同じ目的意識を持つ事業者を広く公平に募れるようになります。これにより、Chapter2とChapter4でも示した、市民視点でよりよい社会保障サービス体験を実現するための「エコシステム・パートナーシップ」の形成にも寄与できるのです。調達を行う発注者である行政の担当部門としても、他案件ですでに検討されていたことを重複して個別に定義する必要がなくなり、効率的に調達準備を進められるようになります。その半面、ゴール達成に最大限寄与できる能力ある事業者をどう評価し選抜するかが新たな課題です。これらを実現する公共調達方法については、このあとのSection5-4で詳述します。

また受注する事業者としても、市民サービスの実装やクリエイティブ（広報資料などの広告資材）の製作において、全体方針に基づいてサービスや広告の仕様を効率的に決められるようになります。クリエイティブのガイドラインを「バンズ」の下で共通にすることで、社会保障サービスに係るUI/UXが統一され、制作会社などの事業者が異なっても、利用者からは一貫した体験となるように構築できるわけです。「暮らしに困った時は、あの窓口・サービスサイトを尋ねれば助けてもらえる」という共通認知が浸透すれば、セーフティネットからこぼれ落ちることを防ぎ、真に助けを必要とする人に手を差し伸べられる一助になるでしょう。

執筆を行っている現在、菅総理大臣の下で河野太郎行政改革担当大臣兼内閣府特命担当大臣（規制改革）によって、役所の規制などに関する苦情や提案を募る「規制改革・行政改革ホットライン（縦割り110番）」が設置され、縦割りを打破する活動も推進し始めました。こうした取組みのなかで、社会保障に関する行政サービスも利用者視点でシームレス

につながっており、行政としての効率性も担保できるサービス提供の枠組を模索することが求められています。

　これまで行政内に縦割りで配置してきた機能を、組織横断で集約し再配置させることによって、利用者にとってシームレスで一貫性のある行政サービス体験を実現するとともに、行政や地域コミュニティなどの社会保障の担い手側にとっても効率的・効果的にサービスを提供できるようになるのです。

デジタルサービスの裏側を支える「生きているテクノロジー」

■経営に欠かせない DX の取組み

　市場環境の激しい変化のなかで、2000年以降、S＆P 500に名を連ねていた企業の半数以上がM＆A（企業の合併・買収）や経営破綻などによって姿を消しました。ビジネスの世界においては企業の短命化が急速に進んでいるのです。こうした混迷の時代を乗り切るための手段とし

◇ **アメリカ S＆P500 企業の平均寿命** ◇

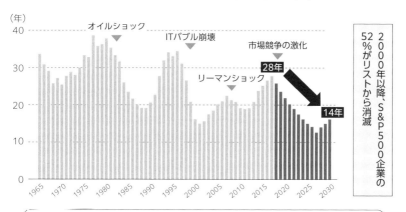

S&P 500 に名を連ねる企業の平均寿命は、経済がリーマンショックから十分に立ち直った 2018 年には「28 年」だったが、現在は急速な下落傾向にあり 2030 年には「14 年」という短命化が予想されている。2000年以降だけを見てもS＆P 500の企業の52%がすでにリストから消えており、市場環境の変化の激しさを物語っている

Chapter 5

社会保障DX成功の鍵 ～トライアル＆エラーで素早く成果に辿り着け

て、テクノロジーにはよりビジネスの成果に直結した価値の創出が求められており、DXの必要性が叫ばれています。

　Chapter4でも見た通り、社会保障行政の新しいデリバリーモデルの実現を支えるのもテクノロジーです。民間企業が生き残りをかけてDXに取り組んでいるのと同様の発想で、行政機関にもテクノロジーがもたらす価値を向上させていく姿勢が求められます。単なる業務の効率化や装置産業的な事業を安定的に回すことがかつてのテクノロジーに求められた役割だったとすれば、これから目指すのは、従来の仕組みを抜本的に変革し、行政のフィールドや枠組みを変えて事業の成果にコミットできるテクノロジーです。

　しかし、テクノロジーに対する期待が急速に高まっている一方で、行政の既存の基幹システムには重厚長大なものが多く、現在の変化とスピードに追随できていません。とりわけ社会保障行政を支える既存システムは、社会的要請で様々な制度改正に対応してきた経緯から、システム構成も仕様も複雑化しています。また過去何十年にもわたりすべての市民と企業のデータを蓄積してきたシステムであることから、抜本的な見直しに対するリスクや懸念が先行し、変革の動きをさらに鈍くさせてしまうのです。ビジネスの世界においても同様で、ビジネスのライフサイクルが短くなる一方で、企業の基幹システムの寿命はむしろ長期化する傾向にあります。企業の経営陣の多くもレガシーシステムがイノベーションを阻害する要因になっていると認識しながらも、即座に廃止することは難しいと考えているのが現実です。

　特に社会保障領域におけるレガシーシステムは、前述の通り、すべての市民と企業のデータを抱える国全体のエンタープライズデータモデルであり、これから先も長期（それこそ100年スパンで！）にわたって事業とサービスの継続性を確保する必要があります。度重なる法制度改正を適切に取り込み、かつそうした将来的な拡張性・変更容易性を備え

◇ テクノロジー活用により目指すべき姿 ◇

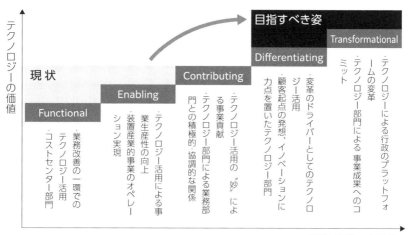

◇ レガシーシステムへの課題認識とジレンマ ◇

70%

70%の役員がレガシーシステムがイノベーションの障害、つまりレガシーシステムにはビジネス環境の現状に適さない欠陥、複雑さがあり、課題があると考えている

83%

83%の役員は、レガシーシステムには即時に廃止できない重要な機能があり、新しいテクノロジーに移行しながら、レガシーシステムの一部機能は維持したいと考えている

ながら、定期的なシステムとデータの保全と再点検を求められます。つまり、レガシー（過去の遺産）といえども「塩漬けで維持すればよい」というわけにはいかない、民間のレガシーシステムとも異なる実情があるのです。

　以上の点から従来のITのあり方のままでは「ITがビジネスのスピードに追随できない」というジレンマが浮き彫りになります。公共、民間、業種を問わず、多くの組織が突き付けられている課題を解消するためには、経営と業務、そして情報システムが一体的に連携しながら、自己変革のためのシナリオを短いサイクルで回していける新しいITへの発想の転換が必要です。アクセンチュアでは、従来のシステムのライフサイクルを大きく転換し、DXを支える新たなテクノロジーのあり方のコンセプトとして、常に改善と進化を続けていく「Living Systems」を提唱しています。

　本Sectionではこの「Living Systems」のコンセプトを紹介しながら、既存の業務とシステムの仕組みがあるなかでどのように社会保障行政の変革を進めればよいのかを見ていきます。

■ITの発想転換
〜作って終わりのシステムから「生きているシステム」へ

　全く新しいモデルに事業の仕組みを転換し、変化に対応しながらその事業の持続性を支えられるシステムが求められます。基幹システムに代表される従来型のシステムでは、膨大な時間と費用をかけて構築したものの、ようやく稼働に漕ぎ着けた瞬間から陳腐化が始まってしまい、ある意味で、開発直後がそのパフォーマンスのピークとも言えるような状態なのです。その後、ライフサイクルのなかでリプレースするにしても、同じことの繰り返し。この程度のスピード感では「短命化するビジネス」への貢献などできるはずがありません。

◇ 持続的な競争優位に資する IT へ ◇

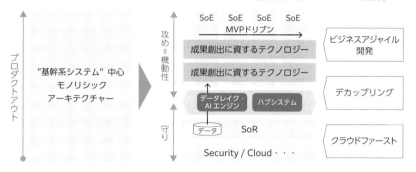

旧来型のITの発想

システム開発・運用の効率性と、事前に定められた品質要求を重視

求められるITの発想：Living Systems

瞬間的なビジネスニーズへの対応、業際横断型のイノベーションを断続的に行うアジリティを重視

(注)SoE（System of Engagement）、SoR（System of Record）

Living Systemsのコンセプトは、従来型システムのライフサイクルを大きく転換することです。基幹システムを一度開発して終了ではなく、むしろそこを出発点として、絶え間ない改善と機能アップデートによって進化させ続けます。これにより、新たなビジネスの要求に即応できるスピードとパフォーマンスを発揮しながら、DXの推進を力強く後押しすることを目指します。Living Systemsはその名の通り、「常にビジネスのなかで活躍し成長していくこと」を最大の特長としており、「レガシーという概念」が存在しない世界を志向するものです。

Living Systemsは、大きく「デカップリング」、「ビジネスアジャイル開発」、「クラウドファースト」の3つの要素から実現されます。

■デカップリング
〜二極化するビジネスニーズを両立する

企業の業務は大きく分けて、計数処理のような定常的なオペレーショ

Chapter 5

社会保障DX成功の鍵 〜トライアル＆エラーで素早く成果に辿り着け

211

ンと、市場ニーズにその場その場でアドホックに対応する業務とに分類
できます。社会保障行政の業務も同様です。行政が保有するデータと突
き合わせて資格の有無を判断したり、保険料や給付額を計算したりと
いった、情報を記録・更新して蓄積していく定常的なオペレーションと、
窓口で市民に応対したり相談に乗ったり、あるいはデータを分析して政
策に反映したりする、今の社会のニーズに応える業務とに分かれます。
前者は定型的なタスクの組み合わせであり、後者は社会環境や市民の
ニーズによって自在に変化する不定形なミッションです。これらをシス
テムの視点で見ると、まさに正反対のビジネス要件や特性を持っていま
す。

　この二極化した要件がお互いの足を引っ張り合う関係が続いている限
り、事業に貢献するITは実現できません。年金や雇用を担う社会保障
行政の基幹システムは、「第○次整備計画」といった看板の下、1期に
つき5〜8年もの長いスパンと莫大な予算をかけて開発されてきまし
た。一方で、行政サービスの改善に欠かせないデジタル・テクノロジー
は、同じ期間に何世代も先に進化してしまいます。そのギャップを解消
するのが「デカップリング・アーキテクチャー」。つまり、それぞれの
要件や実現に要するスピードが異なるのであれば、最初からシステムそ
のものを分離（decoupling）してしまおうという発想です。

　定常的なオペレーションを支えるシステム（SoR：System of Record）
は、ウォーターフォール（滝）型アプローチのような従来の手法で安定
性と信頼性を優先して構築し、将来の拡張性などシステムとして最低限
確保すべき状態を定期的に、まるで宮大工のように時間と手間をかけて
メンテナンスしていくことが重要です。これにより、特に長期的にすべ
ての市民の記録を保持していく土台と業務の継続性を確保します。
　現在、システムは主にSoRに該当しているとともに、長期の塩漬けに
よりブラックボックス化が進み、業務の継続性確保が難しくなりつつあ

◇ SoR の整備・推進イメージ ◇

ユーザー向けサービス群

| サービス | サービス | サービス | サービス |

API/チャネルシステム（CRM・コールセンター・代理店）

データ活用アプリケーション群（部品）

| Virtual Agent | Lead Gen/ Nurturing | Next Best Action | Root Cause Analysis | Customer Segmentation |

レガシーに
手を入れず
柔軟な機能拡張

デカップリング

データレイク・AI エンジン　　ハブシステム

すべてのデータを
集約し疎結合化

基本情報、納付記録、債権、給付記録等

SoR　　SoR　　SoR

SoRは
段階的に更新

日本の社会保障領域においては、安定性と信頼性を優先したSoRの構築
が求められる。また、中長期的に対応が必要となるため、それに対処でき
るような開発でなければならない

るため、それらに対する中長期的対応が必要な状況と考えています。

　一方で、そのときのニーズに応じたフットワークが求められるシステム（SoE: System of Engagement）は、外部に切り出してアジャイル（agile: 敏速な）開発を行い、役割が終わればいつでも廃棄できるようにしておく。また、高度なデータ分析やAIといった技術革新のスピードが極めて速い領域についてはクラウドを活用して、いつでも最新のテクノロジーの力を享受できるようにする。システム全体のアーキテクチャーをこうした観点で分離することで、日常業務の堅実な運営を支えながら、環境変化にも即応できる柔軟性を発揮できるようになります。

　日本の社会保障領域においては、従来のSoRのみならず、より広義のシステムアーキテクチャーを想定し、SoRとSoEの双方を戦略的にデカップリングして、「マルチスピード」で、つまり2つを異なるスピード・開発方式で整備・推進していくことが求められています。

■ビジネスアジャイル開発
～組織の壁を越える高速PDCA

　デカップリングによって求められる対応スピードが違うシステムを分けられたとしても、それだけで要求に即応できるスピードが得られるわけではありません。社会や市民のニーズの変化を察知して、事業や業務の方針や戦略を決定したら、現場でこれをスピーディーに実現するための手段が必要です。

　その手段が、近年注目されているアジャイル開発です。アジャイル開発の意味を説明する前に、従来型のウォーターフォール開発について触れておきましょう。ウォーターフォール開発とは、最初にすべての機能を網羅したシステム全体の要件を定義してから、それに基づいて「設計→開発→テスト→リリース（運用）」というプロセスを順番に進めて完成させていく手法です。上から下に流れ落ちる滝のイメージから、

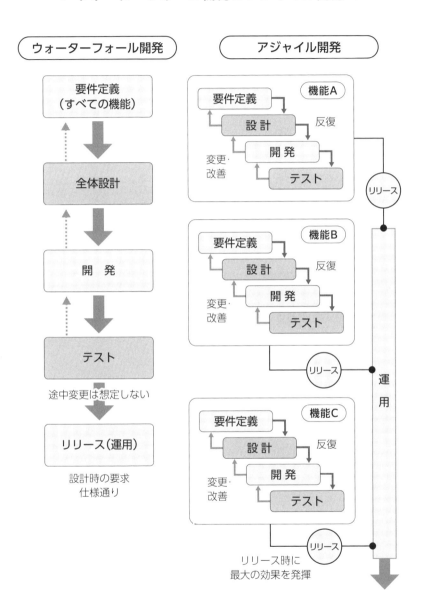

◇ ウォーターフォール開発とアジャイル開発 ◇

ウォーターフォール開発

要件定義
(すべての機能)

全体設計

開　発

テスト

途中変更は想定しない

リリース(運用)

設計時の要求
仕様通り

アジャイル開発

機能A
要件定義
設計
開発
テスト
反復
変更・改善
リリース

機能B
要件定義
設計
開発
テスト
反復
変更・改善
リリース

機能C
要件定義
設計
開発
テスト
反復
変更・改善
リリース

リリース時に
最大の効果を発揮

運用

「ウォーターフォール開発」と呼ばれています。弱点は、開発に至るまでの要件定義や設計を詰める段階の比重が大きいため、ソフトウェアが動き出すまでに非常に時間がかかる点と、要件に変更があった場合に大きな手戻りが出る点です。もちろんウォーターフォール開発は、ニーズによっては今後も重要な手法であり続けるでしょう。しかし、状況変化にスピーディーに対応しなければならないシステム開発を目指す場合は、最適な選択肢とは言えません。

　これに対してアジャイル開発は、システム全体をいくつかの機能に分けて開発単位を小さく設定し、個々のユニットごとに「要件定義→設計→開発→テスト→リリース」のサイクルを何度も繰り返しながらシステムを作り上げていく手法です。各プロセスの単位が小さいため、失敗や途中変更にも対応しやすく、短期間で狙ったビジネスに価値を提供できるソフトウェアを開発するのに向いています。

　このように説明すると、アジャイル開発は小規模な「ソフトウェア開発の手法」ととらえられがちですが、ビジネスのニーズや変化に沿ったシステムを開発するために、顧客やユーザーが"今"求めていることは何かを把握して形にして応えていくプロセスであり、「ビジネスや事業自体を変革する手段」ととらえるべきです。また、これを進める体制もソフトウェア開発に詳しいメンバーやIT部門だけでは実行できません。

　まず、利用者が求めるサービスの実現にふさわしいシステムをデザインするために、Chapter4でも見てきたようにサービスデザインを用いた要件の検討を最初のステップで取り入れます。ここでは業務に詳しい現場の業務担当者や窓口の担当者だけではなく、新しいテクノロジー活用のアイディアを出せるメンバーに加えて、そうしたアイディアに対する予算措置の判断ができるメンバーも必要です。顧客やユーザーの声も欠かせません。社会保障行政の領域であれば、窓口に来訪する市民や将来行政サービスを受ける可能性のある市民にも参加してもらうべきです

し、立場の異なる多様なメンバーのコラボレーションを紡ぎだしていけるスキルを持った人材も肝要です。

　また、サービスデザインで描かれた要件や世界観を実現するには、次にPoC（概念実証）を通して効果確認するステップを踏みます。ここではサービスで用いるツールやソフトウェアを試作し顧客やユーザーに使ってもらって効果を測定するため、システムエンジニアやユーザーインタフェースのデザイナー、モバイルのエンジニアといったメンバーも加える必要があります。

　PoCで効果が見込めると判断できたサービスについては、本格的なソフトウェア開発のステップに進みます。ソフトウェア開発の手法の詳細については本書では触れませんが、開発段階でも完全なシステムを最初から作り込むことを目指すのではなく、必要最小限の単位でユーザーの課題解決に役立つ機能（MVP：Minimum Viable Product）を短期間で作ることを目指します。このステップではアジャイル開発の経験のあるエンジニアやチーム運営スタッフが不可欠です。

　MVPは、名前の通り開発して終わりではなく、ユーザーや社会の反応を見ながら絶えずアップデートを加えていくソフトウェアです。サービスを運用するなかで、サービスデザインやPoCを繰り返し、PDCAサイクルを短期間に回し続けることで、経営、業務、情報システムが密に連携しながら、変革のシナリオを前進させていきます。

　全く新しいデリバリーモデルへの変革と受益者のニーズの変化に応え続けるためには、小さなサービスをいくつも作り、すぐに使ってみてその成果や問題点をフィードバックしながら、システムや業務プロセスのチューニングを繰り返していくこと、つまり、業務とITが一体的に協働しながらアジャイルなPDCAサイクルを継続的に回していくプロセスが必要となります。こうした協働は、行政の組織的な縦割りがもたらす課題を解決し、受益者との継続的な関係性のなかで社会保障行政のあり

方を変えていくための強力な武器になるでしょう。また、このプロセスを導入し、運用していくためには従来の行政になかったスキルを持った人材が求められます。アジャイルへの転換が行政におけるDX人材の育成や様々なパートナーとの協業を進めるための契機となるのです。

　次に、柔軟なアジャイル開発を実現するために外部のパートナーとどう協業するか、公正・公平が求められる公共調達の仕組みのなかでどう実現できるのかが論点になります。具体的な方式と事例は、このあとのSection5-4で紹介しましょう。

■クラウドファースト
〜スピード感ある攻めと、守りのセキュリティ

　市場環境や社会環境の変化、また新型コロナの拡大により、あらゆる業界が大きな転換点を迎え、企業や行政組織は足元の課題である医療及び経済や社会の危機に対して、より機敏な対処が求められています。そのためにもDXを積極的に進めて、レジリエンス（resilience：強靭性、危機からの回復力）を向上し、新たな体験やサービスの提供に留まらず、企業であれば顧客、行政であれば市民との信頼形成や構造的なコスト削減に迅速に対応していかなければなりません。こうした取組みを実現するには、柔軟性とスピード、セキュリティを具備したテクノロジー基盤としてのクラウドの活用が必須です。

　行政機関のシステム基盤整備においても「クラウド・バイ・デフォルト原則」がすでに打ち出されています。2019年2月に策定された「政府共通プラットフォーム第二期整備計画」では、クラウドサービスを活用した新たな政府のプライベート・クラウドを整備することを宣言し、2020年10月に運用が開始されています。これを皮切りに今後、行政においてもクラウドの活用は常識化していくでしょう。

　クラウドの真価は、必要なときに必要なサービスを即座に利用でき、

◇ MVP によるデジタル・イノベーションの量産 ◇

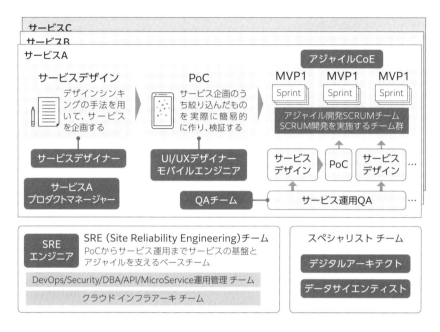

AIをはじめとする技術革新の早いテクノロジーについて、常に最新のサービスを利用できるスピード感にあります。新しい社会保障行政のデリバリーモデル構築には、受益者との共創を通じた継続的な関係構築が鍵になると指摘しましたが、受益者のニーズの変化に応え続け、社会保障行政の仕組みを常にアップデートし続けていくためには、クラウドが実現するスピード感が不可欠です。

　一方で、通信品質やセキュリティ面での不安があるため導入をためらう企業は、未だに少なくありません。しかし、オンプレミスの自社サーバでも、サイバー攻撃や事故・災害によるデータ消失・流出のリスクから完全に免れることはできません。むしろ、莫大な金額のセキュリティ投資を行っている主要なクラウドプロバイダーが構築するクラウド環境のほうがセキュリティ性能は優秀です。特に昨今の地震や台風などの自

然災害が多発するなかで、BCPやレジリエンスを意識するなら、クラウドこそが最もセキュアな選択肢と言えます。

　実際に、日本の政府においても、各府省で整備・運用されているシステムの稼働に必要なITリソースを共通化して提供する仕組みである政府共通プラットフォームは、AWS（Amazon Web Service）が提供するパブリッククラウド上に構築されています。

　海外の行政機関においては、基幹システムのクラウド上での構築も珍しくありません。たとえばシンガポールでは、2018年からの5年間で政府のITシステムをオンプレミス（自社のなかで情報システムを保有し、自社内の設備によって運用すること）から商用クラウドへ移管するプロジェクトが進められています。システムのユーザーや開発者といった幅広いエコシステム・パートナーと行政機関との連携を強めるのが狙いです。この計画のなかでは、国税システムのような政府の中心的な役割を担う基幹システムも例外ではありません。クラウドへの移行によって、拡張性、信頼性、機敏性を高めるとともに、国民がワンストップで納税義務を果たせるようなサービスの抜本的な見直しを可能にしようとしています。

　このように、行政においても早晩クラウドはオンプレミスとの比較対象となる選択肢の1つではなくなります。常識的に見てクラウドが最初の選択肢となり、何を、どのように、何の目的で使い、どのような直接的なメリットをどれだけのスピード感で市民に届けるのかに議論の焦点が移っていくことになるでしょう。変革を必要とする社会保障行政において、これは非常に大きなチャンスであり、クラウドを最大限に活用できるかが変革の成否を握ると言っても過言ではありません。

Column 設備から街全体をバーチャルで再現する「デジタル・ツイン」（文：立石　英司）

　ドッペルゲンガーや天空都市と言えば、ミステリーやSFの話。ここで紹介するのは、正真正銘の実話、テクノロジーが現出させた「デジタル・ツイン」です。

　デジタル・ツインとは、現実世界にあるリアル空間と瓜二つの姿を持つデジタルな分身（ツイン）をバーチャル空間上に構築して、リアル空間で得られるあらゆるデータとテクノロジーを駆使して新しいサービスを生み出すソリューションです。もともとデジタル・ツインは製造業で応用された技術でした。米ゼネラル・エレクトリック（GE）の発電用タービンや航空エンジンに実装された取組みが代表的です。これは、航空エンジンに設置された多数のセンサーでデータを収集し、バーチャル空間上に再現した「デジタル・航空エンジン」で稼働状況や劣化の有無を解析することによって、トラブルの予兆を検知したり、メンテナンスのタイミングを最適化したりした事例です。

　トヨタ自動車の豊田章男社長は、2020年1月、米ラスベガスの消費者向けエレクトロニクス展示会「CES2020」で、「デジタル・ツイン」を都市のスケールまで拡張し、未来都市に応用するプロジェクトを発表しました。同社は静岡県裾野市の約70万㎡に及ぶ工場跡地を舞台に2000人規模の未来の実証都市「Woven City」構想を進めていますが、2021年2月23日に催した起工式の以前から「Woven City」のデジタル・ツインを先行して立ち上げて、様々な検証を行っています。

　国土交通省でも、「国土交通データプラットフォーム整備計画」のなかで「デジタル・ツイン」に言及しています。①構造物、地盤、地図など国土に関するデータ、②交通、物流、観光など経済活動に関するデータ、③気象、防災など自然現象に関するデータなど、国交省が保有する

Chapter 5

社会保障DX成功の鍵　〜トライアル＆エラーで素早く成果に辿り着け

221

膨大なデータと民間データを連携したプラットフォームを構築し、フィジカル空間の事象をサイバー空間に再現するデジタル・ツインを実現することによって、業務の効率化やスマートシティの促進、産学官連携によるイノベーションの創出を目指す、というものです。

海外では「バーチャルシンガポール構想」の取組みが知られています。

デジタル・ツインに活用される情報インプットは次の3種類です。

①**インフラデータ**：デジタル・ツインを再現するのに基盤となる地理空間や建築物のデータ（都市の3Dマップ、施設・設備の図面など）

②**リアルタイムデータ**：リアル空間に設置されたIoT機器、センサー端末などから得られる動的データ（GPS情報やカメラから取得する人流データ。交通データ、気象・環境データなど）。目に見えない行動や動きを可視化し、モニタリングできる

③**時系列データ**：リアルタイムデータを蓄積して時系列化した情報。過去の傾向や因果関係の分析が可能

これらのデータを基に、仮想条件を設定したシミュレーションを行うことにより、実際のリアル空間とは異なる状況下の分析・予測・応用ができます。さらに、モニタリングやシミュレーションした結果を踏まえ、リアル世界に情報をフィードバックしてインフラや設備、市民への働きかけ、IoTを通じた自動制御や人の行動変容の促進につなげることも可能です。

たとえば、社会保障分野で言えば、行政機関が有する全国の市民・企業の属性や動態のデータを活用して、日本社会全体のデジタル・ツインを 構築することもいずれ可能となるでしょう。こうした「デジタル・

◇ "デジタル・ツイン" とは ◇

デジタル・ツインのイメージ

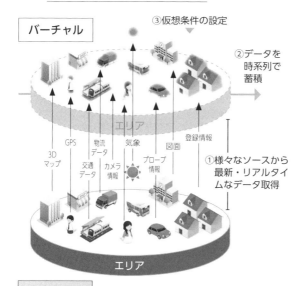

再現するバーチャル
空間の構成要素

①リアルタイム

3D マップ等の最新の静的
データに加え、GPS 等の動
的データをリアルタイムに
収集

②時系列

収集したデータは時系列で
蓄積し、活用

③仮想条件

リアルタイム・時系列での
データに加えて、仮想条件
下での都市の風景を表現

ツイン」モデルがあれば、年金や労働などの社会保障制度や税制度のあるべき姿を設計し、人口動態や社会にどういうインパクトを及ぼすかをシミュレートしたり、それに対応する行政組織の運営モデル、言わばデジタル厚労省のようなものを作って予測・評価したりできるようになるでしょう。

社会保障制度設計は、法制度の制定・施行が前提となるため、「リリースして試す」ようなアジャイル型の運用が適合しない領域の1つです。しかし、デジタル・ツインを用いることで、事前のシミュレーションや効果フィードバックを得られれば、"疑似アジャイル的"に法制度設計・運用を行うことができ、社会変化のスピードに追随する制度設計が可能となる日が来るかもしれません。

公共調達は「成果」を買う
「アジャイル・ガバメント」へ

■求められる「アジャイル・ビジネス」の考え方

　行政のDXは、組織や開発手法の変革だけでは進みません。ヒトやモノを動かすカネの問題として、予算をどう確保し、調達・契約をどう行うか、つまり組織の資源を投下する対象の意思決定のあり方も、新しいやり方に変えていく必要があります。

　これまでの行政のやり方は、いかにして精緻な計画を見積もり、その計画通りに定められた作業を、適切なプロセスで執り行うかという、作業のやり方と遂行確認を重視したものでした。だからこそ、やるべきことが誰の目にも明確で、外部の協力を仰ぐにも一見して公平・公正に要求事項として示すことができ、必要な予算も精緻に見込むことができました。これがウォーターフォール型と呼ばれる役務重視の推進アプローチで、Chapter3でも触れた行政の意思決定、予算・調達における基本的な考え方となっています。この仕組みは、行政の「無謬性の原則」、つまり行政のやることに「失敗は認められない」という不文律によって、決して失敗や後戻りを認めないことが慣習になってしまい、途中変更が難しいのが現実です。変化の激しい現代社会の環境と市民のニーズや期待に応えていくためには、行政の職員と組織が俊敏に舵取りしていけるような仕組みが求められているのです。

　ポイントは、本書でもたびたび登場している「アジャイル」です。前

述の通り、元々はソフトウェア開発方法論の1つで、プロジェクトの初期段階ではスコープ（開発対象範囲）の定義や合意にあまり時間をかけず、達成したいゴールを共通認識に、クイックにソフトウェアを設計・構築・リリースし、ユーザーから直接フィードバックを得ながら継続的に改善と洗練を進めていくアプローチを指します。これは、特に民間企業におけるサービス開発などに適用され、昨今では政府・行政機関においても、デジタル・ガバメント実行計画の下、よりユーザー＝市民に寄り添う行政サービス実現のために積極的な導入が叫ばれている手法です。「アジャイル」の本質は、得られる「成果」を最大化すること、そのために優先的に取り組むべきことを定量的・科学的にとらえること、当初計画の完遂に徹するのではなく、常に評価し検証し、必要な軌道修正を行い、成果の最大化を図ること、これらの意思決定のプロセスにこそあります。つまり、サービスやシステムの実装に留まらず、組織の意思決定と経営判断、ビジネスのあり方そのものをアジャイルにする「アジャイル・ビジネス」の考え方が絶対的に求められているのです。行政組織と職員自身が、まず「無謬性の原則」という軛から脱すると同時に、システムを作る民間事業者も行政サービスを受ける市民も失敗を受け入れられるように「空気を変える」こと、関係者全員のマインドセットを転換することが重要です。

　古い商慣習を打ち破り、公と民の新しいパートナーシップの下でイノベーションを目指す行政＝「アジャイル・ガバメント」を実現する予算・調達・契約の方法を、様々な海外機関の成功事例を交えて、見ていきたいと思います。

■ゴールをシェアし「実現能力」を買う
　オーストラリアの Capability Tender

　Chapter4でも紹介したオーストラリア国税庁（ATO：Australian

Taxation Office）では、チェンジプログラムと称する基幹系システムの全面刷新と納税者向けデジタルサービス改革を目指す取組みを実施してきました。最初期のプロジェクトは、4年間の投資費用が4億5,000万ドルという超大規模プロジェクトでしたが、いたずらにコスト削減を狙うのではなく、巨額投資に対して税務関連のサービス改善や業務改革が実現されることを必達目標として重視していました。システム開発プログラムではなく、「チェンジプログラム」と称する所以です。

　このプログラムの遂行に当たってはもちろん、外部のテクノロジー企業・システム開発ベンダーとの協業が必要とされました。しかし、チェンジプログラムによる変革の影響が、ATOの業務と納税者サービスから、システム、ATO職員らの人や組織構造に至るまで、幅広い範囲に及ぶため、プログラムの推進には組織内には存在しない様々なスキルや方法論を、プログラムの各工程・領域に応じて様々に組み合わせて柔軟に対応できるようにする必要がありました。このため、要件と責務、期間を予め定めて契約するという従来型の硬直的な調達アプローチでは耐えきれず、様々な「能力」を持つ事業者がこの改革に中長期的にコミットしてもらえるような枠組みを必要としていたのです。そこで、新たなパートナリング*・スキームとしての「Capability Tender（直訳すれば「職務遂行能力の調達」)」方式を採用しました。なお、この最初期4年のプログラムのパートナーとして選ばれたのがアクセンチュアでした。

＊パートナリング：発注側と受託側、サービス提供側と受益者側といった上下・競合関係をなくし、複数のセクターが対等なパートナーとしてプロジェクトに取り組む手法。

　Capability Tenderの最大の特徴は、役務や納品物を詳細に定義せずに、プログラムが目指すゴールと成果目標というミッションを共有し、必要な能力と取組みを柔軟に入れ替えながら達成していくことを契約の前提に置いている点にあります。契約時点では、日本における企画競争方式に近い考え方と言えますが、成果達成に共同で責任を負い、達成状

況に応じて対価が支払われる成果報酬型の仕組みを導入している点が大きな違いでしょう。ATOチェンジプログラムの場合は、プロジェクトの途中段階でも、4年間で10の「ステージゲート」と呼ばれるチェックポイントを設け、各局面での成果を確認して報酬を確定しつつ、問題が発生している場合は次のステージに向けた課題やアクションを棚卸しし、必要なスキル要員やアクティビティの再定義を絶えず行うようにプロジェクトを運営しています。

このため、調達において最も重視されるのは、成果達成に寄与できる事業者の能力＝ケイパビリティになります。実際の調達に当たっては、類似する同規模のプロジェクト実績、要員、特にマネジメントチームのスキルと経験、達成目標や契約内容に対する理解と合意の有無と程度を審査し、目的達成に最適なパートナーを選ぶわけです。

Capability Tenderによって、発注者と受託者がプロジェクト達成に同じインセンティブを持つ、文字通りの「One Team」を形成できるのも大きな強みとなります。従来型では、固定価格の範囲でスコープ（役務や納品物）を最大化しようとする発注側と、最低限のスコープに留めて利益を守ろうとする受注側が、仕様書や契約の内容をめぐって一種の敵対関係になりがちな問題が、この仕組みでは解消されることがわかるでしょう。

発注する行政側から見ても、調達仕様を詳細かつ綿密に定義する必要がなくなり、数年に及ぶ事業計画と調達準備に要する時間とコスト（行政では軽視されがちですが、一般的にプロジェクト総額の10％も費やすと言われています）を最小化できます。これにより調達のリードタイムが短くなり、実現したいテーマや解決したい課題にタイムリーにリーチし、目まぐるしく変化する組織内外の状況にも追随してリードできるという、スピード感のある改革推進を可能にしたのです。このCapability Tenderの枠組みによってATOは、Chapter4でも紹介したような、先進的なデジタル・テクノロジーを活用した、市民・ユーザーに

寄り添った行政サービスを実現できました。

　似たような成果報酬型でのプロジェクトが、ほかの海外行政機関でも
実施されています。イギリスDWPでも、雇用創出支援プログラムとし
て、失業者支援による雇用増加数に応じた成果報酬を導入し、ゴールを
シェアしながら、具体的な実施方法はすべて事業者のアイディアや技術
を使ったやり方で一任しました。このプログラムには複数の事業者が参
画しましたが、事業者間でも同じゴールをシェアしているため、適正な
協業関係が生まれ、失業者の個別のニーズに合致した支援を組み合わせ
るサービスを実現できました。その結果、プログラムの初年度で3万
1,000人もの失業者が、最終的に安定的な職を獲得することに貢献した
のです。

■調達を越える官民パートナーシップ
　～フレームワーク合意方式と省庁横断包括契約

　ATOのCapability Tender方式を、さらに拡張したような考え方を採
用しているのが、「Framework Agreement（フレームワーク合意方式）」
とそれを含む行政・事業者間包括契約の仕組みです。

　フレームワーク合意方式とは、長期間に及ぶプログラムにおける個別
の契約について、契約候補となり得る指名候補事業者と事前にパート
ナーシップ（協力関係）締結の合意を行う制度です。1990年代のイギ
リスで始まり、2006年にイギリス公共契約規則に規定されました。現
在ではEU公共調達指令にも正式に定義され、新しい公共調達方式とし
て広く採用され始めています。この方式が生まれた背景として、公共調
達の公正性・公平性担保のために、その準備・調達に長期間を要する方
式が義務付けられ、発注する行政機関と入札する事業者の双方にとって
大きな時間とコストの負担を強いていたことと、国家の財源的制約から

◇ 調達・契約フレームワークの比較 ◇

特　徴	従来型の調達・契約フレームワーク（役務の調達）	チェンジプログラムの調達・契約フレームワーク（Capability Tender）
成果達成の責任	**発注者** – 調達により、受託者は発注者にその成果をインプットとして提供しなけれならない（ハードウェア、ソフトウェア等）。それを基に、発注者が期待していた利益・効果に変換する。	**共有** – 調達は、プログラムに求められている成果を、発注者とパートナーが協働して達成することに重点が置かれる。
調達仕様の詳細レベル	**高** – 調達アプローチが、受託者からのインプットの承認に重点を置いているため（例：アプリケーションの納品）、発注者はこれらを予め詳細に指定しなければならない。	**低** – プログラムの成果について合意されれば、プログラム期間中の具体的なアクションは常に変化する。このため要件を詳細指定しての調達は不要。
調達のリードタイム	**中～高** – 仕様書を詳細に作成する必要があるため、受託者決定までの時間が長引く（例：大規模プロジェクトでは12～24か月）。	**低** – 詳細な仕様書は不要で、調達準備のリードタイムが短縮される。受託者選定は、提案されたスコープや価格の比較ではなく、ケイパビリティに重点が置かれる。
柔軟性	**低** – 契約は、具体的なスコープ、価格等で固定される。発注者側の優先順位や外部環境の状況が変化した場合は、契約変更で対応される。	**高** – 契約内容は、組織内外の環境変化や、発注者とパートナーとの関係のアップデートの可能性を前提としている。
目的達成のインセンティブ	**不一致** – 固定された価格・スコープに基づく。発注者は価格内でスコープの最大化を、受託者は利幅を守ろうとスコープの最小化を図る傾向があり、衝突の原因にも。	**合致** – パートナーは発注者側の成果と報酬が連動することで合意しており、両者の達成インセンティブは合致する。
受託者に求める基準	**ハード** – 従来側アプローチは、基本的に物品購入に適合しているものであり、発注者は最低限の価格で最大限のスコープ（納品）を達成する事業者が評価される。	**ソフト** – 受発注者両者が変化する状況の下で協働し、成果目標を達成する。つまり、調達は、その事業者が有するケイパビリティ（経験・実績、専門知識、文化的な適合、契約内容・達成目標に対する理解と合意）に重点が置かれる。

公共調達における「Value for Money」、つまり投資対効果の増大がより求められるようになったことが挙げられます。これは、今の日本の公共調達と全く同じ状態を見直すために始まった仕組みと言えます。

　フレームワーク合意方式では、発注と入札は大きく2段階で構成されます。第1段階で、プログラム全体に対する参加を公募し、発注者（行政機関）としての達成目標と、求める能力＝ケイパビリティをベースに候補事業者を選定。プログラム期間内の個別発注に関する報酬額と契約条件について事前に合意します。この時点では契約締結には至っていないのがポイントです。第2段階として、全体プログラムの構成要素である個別プロジェクトに関する発注を行い、事前の合意内容に基づいて、最適な事業者との随意契約か、候補事業者内での簡易競争により、受注者を選定します。

　この仕組みにより、重厚長大な企画・計画・調達に悩まされていた発注者、行政機関ともに大きなメリットを享受できるようになりました。行政機関としては、Capability Tenderと同様に、調達手続きに要する手間とリードタイムを大幅に削減・簡素化して、タイムリーな改革実行を可能にするとともに、プログラムの期間を通じて一定のバラエティを保ちながら目標達成に必要なケイパビリティを確保できるようになります。事業者・パートナー企業にとっては、入札対応のコスト低減と、入札時の過度な低価格競争による無駄な利益圧縮を避けられるだけではありません。発注者側との協調関係構築によってプロジェクトのデリバリー（遂行）リスクを抑えながら、複数年にわたる受注計画の見通しが立ちやすく、必要なケイパビリティ（ハイスキル人材やテクノロジーリソース）の長期保有を計画できることも、経営上の大きなメリットにつながります。

　さらに、この仕組みを単一のプログラムや組織における調達だけに適用するのではなく、プログラム横断・省庁横断で適用し、政府・行政全体の規模で包括契約することで、より大きなスケールメリットを得られ

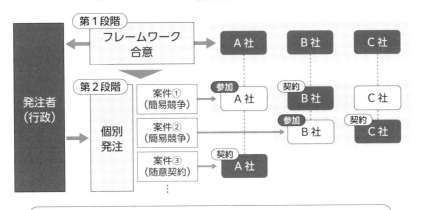

◇ **フレームワーク合意方式のイメージ** ◇

第一段階でプログラムに必要な能力を持つ事業者の参画を取り決め、第２段階の個別案件発注ごとに順次契約する。中長期の協力関係を維持してスピーディーな案件推進を実現しながら、調達の透明性や競争性を一定担保することができる

るようになります。イギリスでは、内閣府傘下の公共調達機関である「CCS：Crown Commercial Service」や、政府全体のデジタルトランスフォーメーションを推進する「GDS：Government Digital Service」が主導して、フレームワーク合意方式でのデジタル包括契約の仕組みを整えています。たとえば、従量課金が前提となるクラウドサービス基盤の導入については、「G-Cloudフレームワーク」に参加するパートナー企業と連携して調達・契約。AIやモバイルアプリなどの行政デジタルサービスの導入については、「デジタルアウトカム・スペシャリストフレームワーク」を通じて、サービス実装に必要なハイスキル人材だけでなく、デジタルサービスそのものやユーザーリサーチを請負で提供するソリューション・オペレーションを提供する企業が参加し、デジタルサービスによる効果の獲得に必要なリソースを幅広く集められる仕組みとなっています。

　同じような包括契約の仕組みが、アメリカやカナダ、前述のオースト

ラリア、ニュージーランドでも導入され始めており、従量課金制のクラウド導入や、デジタルサービスのアジャイル開発などのプロジェクトにおいて採用されています。

　そして何よりも、フレームワーク合意方式は、前述したDX推進組織における外部の専門家・企業とのパートナーシップを体現するものであり、予算・契約の面から公共調達による実現方法を示したものと言えます。省庁横断・政府全体レベルで変革やデジタル・テクノロジーを専門とする民間企業とのパートナーシップを構築し、柔軟な調達・契約を実現する仕組みを設けることによって、政府・行政内に巨大な専門ケイパビリティプールを作り、単一プロジェクトの完遂に留まらず、政府・行政全体のデジタルトランスフォーメーションを実現することが可能になるのです。

■公共調達版デジタル・マーケット・プレイス

　フレームワーク合意方式の包括契約の派生系として、「マーケットプレイス型の単価契約方式」についてご紹介しましょう。

　アメリカの政府調達は、連邦政府の独立機関である一般調達局「GSA（General Services Administration）」によって一元的に管理されています。政府共通の基準としてハードウェアもサービスもすべて購買方法が定義され、「GSA Advantage!」などGSAが提供するウェブ上のカタログサイトから、サプライヤー（事業者）と製品サービスを検索して選べる仕組みです。サプライヤーの情報は「GSA eLibrary」で一元的に管理されており、各行政機関は、所在地や詳しい契約方法を確認して発注したいサプライヤーを絞り込み、購買と調達の手続きをオンラインで進められるのです。

　このGSAにおけるサプライヤーとの契約方式は「ID/IQ（Indefinite Delivery/Indefinite Quantity：納期・数量未確定）」契約と呼ばれていま

す。フレームワーク合意方式と同様に、まず基本契約として、行政側が示すサプライヤーの要件に対して、過去の実績や独自の技術提案を通じて審査され、正式なサプライヤーとしてGSAに登録されるまでが第1ステップ。そのうえで、登録期間中に各省庁からの発注に応じて、個別案件の入札・契約を行う2段階方式となっています。

ID/IQ契約の最大の特徴は、サプライヤーが提供するサービスの内容とその価格、提供条件が予め決まっている点です。たとえばAIの業務導入を試したい行政機関は、データサイエンティストや業務コンサルタントなどの専門人材から、分析に利用するクラウド環境まで、必要とするサービスや製品をGSAで検索して調達の仕様を決められるため、該当するサプライヤー同士での簡易な入札によって迅速に調達できます。各行政機関はそれぞれのニーズに応じて柔軟にサービスを組み合わせてすぐさま調達を行えますし、サプライヤー側も、サービスごとに予め決まった共通のレートカード（単価）と案件ごとの必要数が明確に示されるので、規模の大小を問わずに効率的に入札・契約対応が可能です。つまり、調達の透明性を保ちながら、迅速かつ効率的に官と民がコラボレーションする環境が整えられています。

まるで公共機関をユーザーとした公共調達版のAmazonや楽天とも言うべき、このマーケットプレイス方式は、ほかの海外機関でも採用され始めています。先ほど紹介したイギリスでも「Digital Marketplace」という名前で、フレームワーク合意に参加した企業のサービスが一覧化されていますし、オーストラリアやニュージーランドでも同名のサービスが展開されるほど、グローバルの先進機関では利用が進んでいるのです。

GSAがユニークなのは、ID/IQ契約方式を用いた官民コラボレーションを加速するための工夫として、行政機関・サプライヤー双方に調達・契約にまつわるトレーニング（研修）を提供していることです。行政機関向けには各サイトの使い方はもちろん、「こういう調達をしたいとき

はこういう考え方でやりなさい」といった調達案件に関するアドバイス
も提供しています。またサプライヤーに対しても、登録や契約の手続き
説明に加えて、ベンダーサポートセンターとしての相談機能や、特に市
場競争性の弱い中小企業向けの特別トレーニングプログラムなど、GSA
マーケットプレイスの多様化・活性化に資する活動を積極的に行ってい
ます。

■DX 推進のための公共調達

　ここまで、フレームワーク合意や包括契約、マーケットプレイス方式
など、ややテクニカルな公共調達の方法論を、海外適用事例と合わせて
ご紹介しました。いずれも共通するポイントは、行政機関として達成し
たい成果、市民に提供したいバリューを定義して、それを実現するサー
ビスやパートナーを調達するという思考方法を持つこと。DXと言って
も、必要とされる能力は千差万別であり、そのためのスキルやケイパビ
リティをクイックかつ柔軟に組み合わせられる環境が重要です。そのた
めに、一定の枠組み（フレーム）のなかで成果目標を設定して投資予算
を確保し、外部の専門家とのパートナーシップの下で柔軟なケイパビリ
ティ運用が可能な契約の仕組みを採り入れる必要があります。
　「でも、日本の公共調達・契約制度では難しいのでは……？」という指
摘と懸念が、今の行政に携わる方々からは挙がるかもしれません。確か
に、Chapter3でも示したように公共調達の適正化の流れから一般競争
入札による価格抑制を徹底することや、予め合意した総額で契約金額と
することなど、硬直的な運用を迫られる公共調達の基本原則が存在して
いるのは事実です。しかし、ゴールと成果目標を示して最もよい結果が
見込めるパートナーを選ぶ企画競争方式の入札や、総価格を事前に確定
せず成果に応じて柔軟に組み替えられる単価契約や概算契約の仕組みな
ど、ここで紹介した調達方式を実現できる素地は整っていると私たちは

◇ GSA のウェブカタログ「Advantage!」◇

https://www.gsaadvantage.gov/advantage

考えています。実際に、クラウド・バイ・デフォルトの政府方針を先頭に立って進めている総務省の「政府共通プラットフォーム」に係る調達においては、従量課金制のクラウドサービス活用のために、一部で単価契約の仕組みを取り入れた調達・契約が検討及び実行に移され始めているのです。海外機関が、市民のための成果を求めて、厳密で硬直的な公共調達のあり方を改革してきたように、日本においてもまた、これまでのIT行政失敗の経験を教訓に、前に進むための変革が求められていると考えます。

　省庁横断的な"人間中心（Human-Centric）"のサービスを求める市民のニーズに対して、これまでの省庁別の縦割り行政の枠内で予算を決めて調達する手続きでは限界があると指摘してきました。全省庁的にデジタル・ケイパビリティを効率的・効果的に活用できるようにするためには、「調達庁」のような専門機関に一元化して「シンプルにわかりやすく民の力を使えるようにする」仕組みを目指す必要があります。

　余談ですが、イギリスの公共調達機関 CCS（Crown Commercial

Service）のホームページを開くと「Public procurement made simple（公共調達がシンプルになりました）」というメッセージが目に飛び込んできます。また、オーストラリアのデジタル変革庁（DTA：Digital Transformation Agency）のホームページトップにも「Simple, clear and fast public services（簡潔、明快、そして素早い行政サービス）」と掲げられています。今や公共調達は「シンプル」がキーワードです。単純明快な市民への説明責任を保ちながら、その運用を効率的・効果的に変えていくことが世界の大きなトレンドになっていると言えるでしょう。

　そして、この思想に立って、行政全体のデジタル化を推進しようと立ち上がったのが、デジタル庁構想にほかならないのではないでしょうか。IT行政敗北の20年に終止符を打ち、行政DXを目指すデジタル庁について、執筆時点現在（2020年12月）で判明している概要と、これまでに示してきたDX推進のエッセンスも踏まえて、デジタル庁に対しての期待を綴って、本Chapterを締めくくりたいと思います。

◇ DTA のホームページトップ画面 ◇

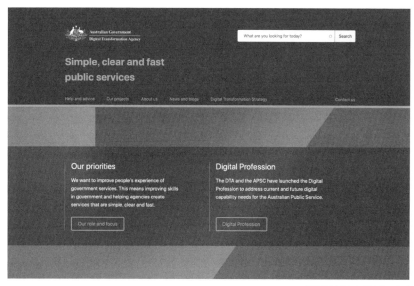

https://www.dta.gov.au/

デジタル庁への期待

■国・地方公共団体・準公共部門の DX を進める 「デジタル庁」

2020年12月25日、2021年9月に「デジタル庁」を発足させると明記したデジタル改革の基本方針が菅内閣により閣議決定されました。政府のデジタル改革関連法案ワーキンググループ作業部会がとりまとめた報告書によると、デジタル庁は、デジタル社会の形成に関する基本方針の策定などデジタル政策の企画立案を行い、重要なシステムは自ら整備しつつ、国・地方公共団体・準公共部門（教育・医療など）の情報システムを統括・監理する司令塔と総合調整の機能を持つと謳われています。そのための国の情報システムに関しては、2020年度の合計で約8,000億円に及ぶ予算をデジタル庁に一括計上し、各府省に配分して執行する仕組み。続く2021年度には、デジタル庁自らが整備・運用を進めるシステムと、デジタル庁と各府省が共同プロジェクト型で整備・運用システムについて、対象の選定と併せて新しい運営方法へ移行していくと予定されています。

実は、IT予算と調達の一元化の動きは、2019年5月に成立した「デジタル手続法（デジタルファースト法）」に盛り込まれ、2019年6月に開かれた政府の「デジタル・ガバメント閣僚会議」で具体的なIT調達改革のスキームが決まっていました。当時の構想では、各省庁に分散していたIT予算を内閣官房に集約し、システムごとに内閣官房IT総合政

策室、財務省主計局、各省庁の3者がチームを作って実施するプロジェクト型運営を想定していました。2020年3月から始まった新型コロナ対策において、各種政府支援策のオンライン申請をめぐる問題が頻発し、「IT行政の敗北」「IT後進国」とまで言われた事態を背景に、現在、菅内閣における最優先課題かつ目玉政策の1つとして、デジタル庁の創設という形で具現化される見通しとなっています。

　先の報告書で示されているデジタル庁の基本構想からは、これまでのIT行政にはなかった強力な権限と実行能力を持たせようとする意気込みが読み取れます。本書でも論じてきた通り、行政組織の縦割り構造や官民の壁を取り払いながら社会保障エコシステムを実現していくためには、行政全体を横串で見通せる組織と、改革を進めるための予算が必要不可欠であり、これを兼ね備える、まさに前述した「エッジ組織」と「政府CoE」としてのデジタル庁の発足は、社会保障領域に限らず日本の行政全体のDXを推進するための起爆剤になり得ると私たちも大きな期待を寄せているところです。

　ここでは、本書を執筆している2021年2月現在、まだ詳細が決まっていないデジタル庁の役割・機能に対して私たちが期待していることを、これまでに明らかにされたデジタル庁構想の内容も踏まえて、最後に「3つの要素」にまとめて述べて終わりたいと思います。

　1つ目は「ユーザー・市民を見る組織」であること。これまでのIT行政は、それぞれの省庁・部門が所管する法制度やシステムを中心に「制度をどう運用するか」「システムがどういう機能を持つか」などと考えるあまり、"オール行政"やユーザー体験という視点が不足し、結果的に複雑なサービスや使われないシステムを生み出してしまったことが反省すべきポイントだと言えるでしょう。この視点が変わらない限り、行政DXの成功はあり得ません。

　現在のデジタル庁構想では、「ユーザー視点に立って新たな価値を創

出する」ことを目指すとしつつ、具体的な役割においては、各省庁・自治体のシステムが政府（デジタル庁）の定める戦略や基本方針、標準仕様に沿っているかを審査して横並びで評価することに重きを置かれるようにも見えます。真に重要なのは、最終的に市民に届くサービスと行政業務によってもたらされる成果です。つまり「市民が何を求めているのか」を突き詰め、制度と組織がバラバラな状態ではなく"オール行政"体制で、市民中心＝"Human-Centric"のサービスを作ることにあります。テクノロジーの活用という手段を目的化することなく、常に市民を中心に据え、行政のサービス・業務がどうあるべきかの検討を組織横断で主導できるデジタル庁であってほしいと考えています。

　2つ目は「行政イノベーションの中心地」になること。イノベーションの創出とDXの実現において、デジタル技術の活用が必須条件となっていますが、それはサービス開発・業務検討の場に「DX人材」の存在が不可欠であることと表裏一体です。しかし、DXに必要な人材のスキルは多岐にわたり、省庁・自治体ごとに備えることは困難を極めます。現に、デジタル庁の採用予定職種が内閣官房から公開されていますが、2020年12月時点では、プロジェクトマネージャーやITストラテジスト、クラウド・ネットワーク・アプリケーション開発のエンジニアに留まり、一般的なシステム企画・開発の人材の域を出ていません。もちろんこれから本格的な体制構築に向けて募集枠も多様になっていくと想定されます。そのことも加味した私たちからの期待として、デジタル庁は、システムエンジニアリングだけでなく、データサイエンス、AI、UXデザイン、業務分析、戦略企画、マーケティングなど行政DXに必要なスキルやベストプラクティスを一箇所に集約し、各組織と連携・協業することで、行政全体が継続的にイノベーションを生み出すための中心地となってほしいと願っています。また、行政DXに必要な官民パートナーシップ、つまり民間企業や外部のデジタル人材との連携についても、デジタル庁が中核となることで、高度な知識や経験を効率的に蓄積し、ま

さに「優秀・卓越の中心＝Center of Excellence（CoE）」となっていくことを強く期待しています。

　最後は「パフォーマンスを志向し、アジャイルな意思決定を行う」組織となること。前述の通り、デジタル庁の機能として「デジタル政策の企画立案」とそれに基づく「政府行政情報システムの統括・監理」と定義されていますが、これは一見すると従来型の「国が社会を引っ張る」「目指すべき正解の姿をわかっている」という認識を前提としているようにも思えます。変化が激しく先を見通せない現代社会においては、完璧な企画と計画ではなく、アイディアを素早く形にし、効果を検証して、軌道修正と改善を繰り返す、そうしたスピードと柔軟性ある実行能力こそが大切です。政府のデジタル庁構想においても、デジタル庁がシステム監査を通じて「投資対効果の分析、システム有効性等について評価」する役割が定義されています。「国の情報システム予算を一括」で管理するデジタル庁にこそ、その予算を投下する各プロジェクトの成果を厳しく評価・管理して、行政のパフォーマンスを最大化させるような「経営視点」からの舵取りが求められるのです。

　そのためにデジタル庁が備えるべき役割は、①アジャイル型でのプロジェクト運営・組織運営を各省庁に根付かせていくこと、②各省庁のプロジェクトに対して進捗だけでなく成果を横断的にモニタリングし成果最大化のために必要な対策を常に考え、担当省庁と連携して実行に移すこと、③これらを含めて行政DX全体の経営指揮を執っていくことです。

　組織の縦割りを越えて、行政全体のパフォーマンス向上に全体が一丸となって動けるようなリーダーシップを、デジタル庁には期待したいと思います。

Chapter 5　社会保障DX成功の鍵　〜トライアル＆エラーで素早く成果に辿り着け

New "KY" のススメ（文：立石　英司）

　ここまで本書では、社会保障行政におけるDX推進の課題を紐解き、先進事例を交えながらその実現方策について、ときにテクニカルな部分に注視しながら、論じてきました。最後に、少し趣向を変えて、これまで様々なお客様とのプロジェクトの現場を見てきた私の経験から、強く感じていることをお話ししたいと思います。

　単刀直入に言えば、DX実現の「本質的な」阻害要因とは、実は日々の生活習慣や常識という、私たちを取り巻く環境や「空気」のなかにも潜んでいるのではないでしょうか。私は次の3つの影響が極めて大きいと感じています。

　第1は、「サービスはタダ」。次が「言霊信仰」。最後に、「空気を読む」、です。

1．サービスはタダ

「今ならカーナビ、サービスしておきますよ」

　このような新車購入の際の営業トークを聞いたことはありませんか？車に限らず、宝くじを買ったとき、生命保険に入ったとき、いろいろなタイミングで "サービス" という無料のおまけをもらう機会がよくあります。逆に、「食べ物を残してはいけません。農家の方が一生懸命作ったお米は最後の一粒まで食べなさい」と親からよく言われました（最近はあまり聞かないかもしれませんが）。

　この背景には、日本社会の過去の強さの源泉であったモノづくり神話があるような気がします。第一次産業や第二次産業に属する、目に見え

て手に触れられるモノに対しての信奉は極めて高い一方で、第三次産業に分類される、とりわけサービス業として、商品やサービスを分配・提供することで富を創造する業態・職業が相対的に見劣りする印象があるのではないでしょうか。いわゆる第四次産業と呼ばれる知識集約産業もまた、業界的なIT化やDXの盛り上がりはあるものの、世間一般的には少し遠い世界の話ととらえられるのかもしれません。

　この第三次産業のなかで、一般にサービス業と呼ばれるものに含まれる“サービス”という言葉が、先の「サービスはタダ」という印象と結びつくのかもしれません。それゆえ、第三次・四次産業の意義である富の創造やアイディアといったものが軽視されているのではないかと想像します。

　IT業界において、紙ナプキンに書いたアイディアにベンチャーキャピタリストが投資をしたという有名な逸話があります。美術業界においても、ピカソがファンから「1枚の紙に何か書いてほしい」とお願いされ、その場で手早くスケッチを描き、「これは100万ドルの価値がある」と言ったところ、ファンからは「30秒で描いたのに？」という反応。これに対してピカソは「30年と30秒だ。30年の鍛錬によって、30秒でも100万ドルの価値を作り上げることができるようになったのだ」と答えたエピソードもしばしば取り上げられます。

　ここにあるのは、生み出す過程の時間や時給単価ではなく、作り上げた成果物が創出する付加価値によって値付けされ、結果として総体の価値が定義付けられている点です。日本の得意とするモノづくりに、タダやおまけではない、付加価値を生み出すサービスを付け加えていく。それが上手くいくだけでも、社会の生産性、すなわち一人当たりのGDPを上昇させることにつながるでしょう。

　この視点を行政に向けたとき、本書でも幾度となく登場した「行政サービス」という言葉も、制度運用のためにタダやおまけで、つまり「サービスで」行政側が提供しているものでは決してない。制度に基づ

く社会保障などの商品に「付加価値を生み出す行政サービス」があって初めて市民と社会に対する価値が提供される、そうした意識を持つことが重要であると改めて思います。

「サービスしておきます」「サービスです」という用法は即座にやめ、モノを分解して部品のコストを考えることより、モノやアイディアが生み出す価値を考えるようなカルチャーを作っていくことが大切だと考えます。

２．言霊信仰

　業務や組織における問題はビジネスを遂行するうえでのリスクであるというのは無論ですが、それを解決しようという変革の取組み自体にもリスクがつきまといます。

　本来、リスクとは将来発生する可能性のある問題であり、リスクマネジメントとはその影響を予め想定し、対策を準備しておくことです。極めて当たり前のことだと思うかもしれませんが、実際のところ、それを当たり前のこととして対処することができないケースが少なくありません。

　たとえば、難度の高いプロジェクトを始める際、これから覚悟を決めて前に進めていこうというポジティブな意識を大事にするあまり、望まない結果を招く恐れや問題点をあげつらう、ネガティブな発言をすることは避けたい、という空気が漂います。前述した「失敗は許されない」と同根だと思いますが、始まる前から予想される失敗をいちいち取り上げて議論することは縁起でもない、全体の士気に水を差す、と見なされてしまう。つまり、言葉に出すと現実になってしまうのではないか、という「言霊信仰」の呪縛があると感じます。

　その結果、リスクが発現しそうな状況になっても「どうやってリスク

を回避しようか」という消極的な対応に終始しゴールが遠ざかる（リスクの過大評価）、もしくは無理だとわかっていても「なるべく発現しないように努力しよう」と見切り発車する（リスクの過小評価）など、リスクを適切に評価できず、プロジェクトが始められない、またはリスクという爆弾を抱えたまま動き出してしまうようなことになりがちです。「リスクとは常に存在し、それが発現した際の備えを常に考えていくことが健全」と頭でわかっていても実行できない、まさに「言霊」が支配した空気が原因なのではと思うことが多々あります。

　変革を前に進め、壁を乗り越えていくには、先は見通せなくともアイディアを言葉にして共有し、そこにみんなで魂を入れていくことが重要です。
　言霊信仰の「力」はアイディアに込めて、将来への駆動力にしていく。それと同時に、つきまとうリスクをつまびらかにして備えを講じる面には、言霊の「結界」を張り、客観的に、クレバーに対処していく。そうした「言霊信仰」の使い分けを意識するとよいのではないでしょうか。

３．空気を読む

「空気を読む」という言葉があります。これは全体の状況や空気感を察知し、それと異にする発言や態度を控えるということです。一時流行った「忖度」という行為にも通じるかもしれません。
　昨今、「モノからコトへ」というキーワードをよく耳にします。言葉として似ている表現に、旧民主党政権時代の「コンクリートから人へ」というマニフェストがありました。その折、ダム建設や道路工事などは無条件に悪だ、というようなムードが一斉に漂ったことがありました。
　ボトムアップでのガバナンスを基調とする文化、すなわち関係者に根回しを済ませ、現場レベルでも意識を合わせてから物事を進めようとす

るスタンスは、ときに組織の意思決定の過程が不透明となると同時に、決定したあとはそれが常識となり異論を差し挟む余地がなくなる傾向がある気がします。

　このような、組織や世の中全体のムードが、一斉に同一方向に収斂していく付和雷同性は危険を伴います。極端な例ですが、戦時中に戦争へ協力しないため"非国民"と呼ばれ村八分にされた人は、戦後に復権することはなく、非国民と叫んだ側は、戦後は手のひらを返したように「仕方なかった、当時なぜそうなったのかはわからない」という様相も、同じ背景があるように思います。「コンクリートから人へ」というムードは、社会インフラとして大切な道路、ダム、トンネル、橋といった土木構造物の維持コストの大幅な抑制へと政策をシフトさせました。しかし、当然ながら既存の社会インフラは一定のコストをかけて維持していくべきものです。維持管理が疎かになれば、生活環境の悪化や災害につながる恐れがあります。

「空気を読む」ところから始まる付和雷同性は、異なる意見を黙殺し、己を省みることがないゆえに、このような極端な方向への偏りを生みやすく、よいバランスを保つことにはつながりにくい傾向があります。

　変化の激しい社会を乗り越えていくためには、多種多様な意見を許容し、議論し、試行錯誤しながら進めていくことが肝要だと、本書でも何度も指摘しました。付和雷同性は、安定した社会では以心伝心につながり心地よいものですが、変化する社会においては多様性を阻害する大きな要因でもあります。

　ここに述べたような日本社会の「空気」にまつわる固有性は、日本人の農耕民族としてのDNAが影響しているような気がしてなりません。農耕社会では、制御のできない自然環境に対して、コミュニティで相互に協力しながら農作物を育て、収穫し、（議論して決めたわけでもない

のに）自然と誰もが妥当と納得した分配を行い、生活を営んできました。コミュニティに特有のタブーを犯すと干ばつなどの自然災害を招くと信じられているため、タブーには触れない、言葉にしないという掟もあります。

　これらのコミュニティの活動に付随して、労働生産性という付加価値を生み出す便利な道具を作る職人気質の方は尊敬・尊重されつつも、必ずしも職人の方の生活的な豊かさにつながっているわけでもありません。

　これからの新しい日本に求められるカルチャーは、まず、富を生み出すサービスやアイディアに価値を認めることから始め、変革につながるアイディアなら、たとえ失敗するかもしれなくても「空気を読まず」に次々と打ち出して言霊を込める、それに伴うリスクは恐れずに議論できる土壌を作ることです。

　かつて「KY（空気が読めない）」という流行語は、専ら否定的なニュアンスで使われていました。この言葉を、積極的な意味に読み替え、「空気を読めるけど、読まない」というスタンスに使うようにしたらどうでしょう。それも揶揄された元々の“天邪鬼KY”ではなく、あえて付和雷同性を抑止するために理性的に振る舞う“New KY”となれば、すべての人の意見が尊重され、組織・社会の多様性を維持していける基礎にもなります。こうした新しい意識と姿勢を、よい意味での付和雷同性として社会的風潮自体に変えていければ、これまで変革の阻害要因とされてきた要素が一挙に変革の推進エンジンになるのではないでしょうか。

おわりに
―――――――――――――――――――――――

失われた30年から、その先の100年へ

「You are all a lost generation.」

　第一次世界大戦後の1920年代、ヘミングウェイに対し、ガートルード・スタインが投げかけたセリフとされています。日本の「失われた30年」がこれを捩（も）ったものかはさておき、その言葉の背景には共通性があるように思います。

「ロストジェネレーション」は、本来は「迷える世代」という意味です。それから100年後の2020年代を迎えた今、新型コロナも相まって、まさに私たちも迷える時代に直面しています。このような歴史的な停滞期は、ヘミングウェイを生み出したように、次の新たな潮流を生み出すきっかけにできるのではないでしょうか。

　本書では社会保障領域の現状と今後の方向性について述べてきました。

　社会保障領域というと、セーフティネット、つまり、守りのイメージがあります。逆説的ですが、守りがしっかりしていれば、安心してチャレンジができると言えます。

　その意味では、新型コロナ対応で改めて露呈した問題山積みの行政、と悲観するのではなく、改革し放題と前向きにとらえることが重要なのです。

　行政、とりわけ社会保障行政が、この迷える時代に先陣を切って変革を進めることが、社会の停滞ムードの払拭につながるのではないでしょうか。

思い起こせば、スマートフォンが登場してまだ10数年しか経っていません。生活様式が丸ごと変わってしまった10年を経て、迎えた迷える時代、今や1年先も見通しが難しい状況です。これは、誰にとっても正解はわからない、何が成功かわからないことを意味します。

「経験」は、それが足りない未熟な世代からすると羨ましいプラスの価値に映るかもしれません。しかし、同じ「経験」が、ときによっては足を引っ張るマイナス要因となることもあるのです。
　これからまさに経験を積んでいこうという世代にとっては、チャレンジをサポートしてくれる強力な味方でしょう。一方で、キャリアが終盤に差し掛かった世代にとっては、過去の成功体験が新しい発想の邪魔をするかもしれません。ことに現代のような変化の時代においては、「経験」に裏切られることも大いにあります。
　裏を返せば、このような変化の激しい社会情勢においては、経験がない若手にとっても自らがいち早く主役になれるチャンスなのです。逆に、経験豊富なベテランは自らの経験を点検する姿勢をもって、社会に合わせてリフレッシュしていくことが強く求められます。

　これまでの成功体験は参考になりません。
　チャレンジし続けることのみが失敗を乗り越えて前に進むための唯一の打ち手です。

　本書で述べた通り、社会保障領域の新しい世界は遠い未来ではなく、すぐにでも実現できるものです。
　たとえば、次ページのような世界はすぐ近くまで来ています。

将来のキャリアを考える学生は、目指す職業の将来性とそれにつながる学業及びキャリアパスについて、1人ひとりに専任の「コンシェルジュ」の力を借りて、「データ」に裏付けられた確かな助言を得ながら、長期にわたってよりよい人生を考えることができる。

現役で働く世代は、労働行政「プラットフォーム」の様々なサービスから、最適にデザインされた「サービス体験」を通じて、国や民間などの境界を意識することなく、自分と家族の将来設計のために必要な情報や適切なアドバイスをもらい、仕事のキャリアや資産形成のプランをよりよいものにすることができる。

新型コロナのような不測の事態に対しても、官と民の「エコシステム」と市民との「コラボレーション」によって、市民の機会損失を埋めるべく競い合うかのように新しいサービスが日々生み出されては改善され、誰もが安心して生活できる社会を作り、支えることができる。

国外の人々も、多言語対応された多様なコンタクトチャネルから、言語と時間の壁を意識することなく、日本での仕事や生活、子どもの教育環境や社会保障制度等、自分の興味・関心に応じて「ハイパー・パーソナライズ」された情報を簡単に確認でき、安心して日本での暮らしと仕事を求めることができる。

行政機関に勤める官僚・公務員は、「AIを味方に」つけて余計な雑務は「自動化」しつつ、市民の安全・安心のために常に一歩先を「データで予測」し成果を高める仕事をこなすことに注力できるようになる。また、「道場」や「ガレージ」において、「データ」と「テクノロジー」、民間との「パートナーシップ」を駆使した新事業の立ち上げや変革の経験を積み、行政機関を社会変革のリーディングカンパニーと変えていくことができる。

社会全体の「デジタル・ツイン」を利用した「データ」に基づく仮想実験と政策立案により、政治家、官僚、市民1人ひとりが様々な「試行錯誤」を通じて、時々刻々と変わる社会に適した法制度とその運用方法をスピーディーかつオープンに議論することで、全員参加型の政治・行政とその社会全体に対するアカウンタビリティ（説明責任）を確かなものにすることができる。

行政の「Living Systems」は、市民1人ひとりのデータを確実に記録しセキュリティを保全しながら、最先端のテクノロジーをスピーディーに活用して新たなサービスを提供する「マルチスピード」な機能実装を実現し、市民の誰一人を取り残すことなく、安全と安心のなかで誰もがチャレンジし続けられる、新しい社会のセーフティネットを形作ることができる。

「はじめに」で触れたゴルディアスの結び目を解く鍵は、"果断"です。「市民の安全・安心にどれだけ迅速に的確に寄与するか」という目標達成を最優先するために、手足を縛られた行政の現場を解放し、市民の機会損失を防ぎチャレンジの背中を押すために、今できることを決断し実行し続ける勇気と根気が求められます。市民にもまた、激動の時代のなかで、行政に支えられながら自らの人生を決断し実行する勇気と根気がやはり求められるのです。

　このような社会を支える変革を、新しいマインドセットとやり方でリードしていく。最新テクノロジーでも、便利なツール製品でも、見栄えのいい戦略計画でもなく、その変革推進の運動論・ダイナミクスこそが社会保障DX推進の肝なのです。行政が変革を強力に進めることそれ自体が、市民の安全・安心や信頼へとつながり社会に挑戦の気概を生み、失われた30年から次のよりよい100年を作り上げる鍵だと確信しています。

「新しい技術への挑戦というリスクを取らないほうがリスクは大きい。
　この世界では、何もしないことが一番大きなリスクだ」
　　　　　　　　　—— ラリー・エリソン（オラクル創業者）

「成功があがりでもなければ、失敗が終わりでもない。肝心なのは続
　ける勇気である」
　　　　　　　—— ウィンストン・チャーチル（イギリス第63代首相）

　なお、本書執筆にあたっては、アクセンチュア 社会保障領域チームの滝沢啓氏、梅村透氏、大寺伸氏、関口廣光氏に大変な尽力をいただきました。また山崎仁志氏を加えて、このチームでの深い議論なしでは、広

範なテーマ領域を扱う社会保障行政について、制度運用、行政事務、テクノロジーなどを多方面から考察し、本書に提言としてまとめることはできませんでした。感謝の意を示したいと思います。

インタラクティブ本部の田中俊輔氏、木村智子氏にはサービスデザイン・マーケティングの視点から、オペレーションズコンサルティング本部の岩田善行氏には業務委託の視点から、AIセンター長の保科学世氏と製造流通本部の富澤景氏には最新テクノロジーと民間企業での実績・トレンドの視点から、ストラテジーグループの佐藤平太郎氏には社会保障領域に留まらない行政トレンドや新型コロナ対応の視点から、多大なる情報と示唆を提供いただき、幅広い視点で議論を深めることができました。ありがとうございました。

コーポレート・シチズンシップの貧困層経済的自立支援チームのみなさん、石﨑友之氏、高木努氏、またグローバルコミュニティからRainer Binder氏、Johnson Lam氏、Shrikar Madiraju氏、Arpit Somani氏、Akshay Bakhru氏、Kindam Sethia氏にも、多大なる情報提供とマーケット分析に協力いただき、本書の提言を強力に支えてもらいました。企画構想や情報整理に協力いただいた福村宏治氏、池田清華氏、名武隼平氏、中安太一氏、田中えみ氏にも感謝の意を示したいと思います。

最後に、日本実業出版社のみなさま、執筆協力いただいた木村元紀氏、加藤学宏氏、アクセンチュア マーケティング・コミュニケーション部の中須藤子氏、高坂麻衣氏には改めて多大な感謝を申し上げます。

アクセンチュア株式会社　公共サービス・医療健康本部
社会保障領域チーム統括
立石　英司

執筆者プロフィール

滝沢　啓（たきざわ　けい） Chapter1、2、3、4、5 担当
アクセンチュア株式会社　ビジネス コンサルティング本部　テクノロジーストラテジー＆アドバイザリーグループ　シニア・マネジャー
北海道大学大学院農学院卒。2012 年、アクセンチュアへ入社以来、官公庁向けコンサルティングに携わり、主に税、年金、社会保障の領域を中心に、中央省庁や自治体などの公共機関における業務改革、業務システム刷新、ビッグデータ・アナリティクスを活用した実証実験や公共機関職員向けデータ活用研修などを手がける。

梅村　透（うめむら　とおる） Chapter4 担当
アクセンチュア株式会社　ビジネス コンサルティング本部　ストラテジーグループ　マネジング・ディレクター
東京理科大学大学院 工学研究科経営工学専攻卒。2007 年にアクセンチュアに入社。中央官公庁・地方自治体・学校法人をはじめとする多数の公共機関の成長戦略・再編戦略・財務戦略立案やデジタルトランスフォーメーションなどを手掛け、近年は、国立大学統合・再編など、日本初となる取組みに係るプロジェクト責任者も歴任。現在、社会保障領域チームにおける労働領域を統括。

大寺　伸（おおてら　しん） Chapter2、3、4、5 担当
アクセンチュア株式会社　公共サービス・医療健康本部　マネジング・ディレクター
京都大学法学部卒。2002 年アクセンチュアへ入社後、永く官公庁向けコンサルティングに携わり、業務改革、業務システム刷新、大規模システム構築等を手がける。現在は主に、社会保障領域チームにおける年金領域を統括し、厚生労働省（主に年金、労働分野）向けコンサルティングや社会課題解決を担う NPO 向けプロボノ活動の責任者として従事。

関口　廣光（せきぐち　ひろみつ） Chapter4、5 担当
アクセンチュア株式会社　ビジネス コンサルティング本部　コンサルティンググループ　シニア・マネジャー
人事系コンサルティング・サービス提供会社を経て中途で 2007 年にアクセンチュアに入社。アクセンチュアでは、人事系コンサルティングを専門とする業界横断の組織にて、エネルギー系や製造業、通信業、金融など様々な業界向けのコンサルティングに携わる。近年は、中央省庁を中心に人事系のみならず業務改革プロジェクト責任者も歴任。現在、社会保障領域チームにおける年金の Digital 領域を統括。

立石英司（たていし えいじ）
アクセンチュア株式会社　公共サービス・医療健康本部　マネジング・ディレクター。1971年、長崎県生まれ。九州大学経済学部経済工学科卒。1996年、アクセンチュアへ新卒で入社後、永く官公庁向けコンサルティングに携わり、業務改革、業務システム刷新、大規模システム構築等を手がける。現在は社会保障領域チーム統括として、主に、国税庁や厚生労働省（主に年金、労働、生活保護分野）向けコンサルティングの責任者として従事。

アクセンチュア 社会保障領域チーム
公共サービス・医療健康本部において社会保障領域を担当し、主に年金、労働、社会福祉に関わる公共機関向けにコンサルティング、業務システム導入等に従事。行政が抱えるあらゆる課題に対して、デジタル・テクノロジーを軸にした、戦略立案、組織・業務変革、DX企画・推進、テクノロジー実証、サービスデザイン、システム開発・運用、業務アウトソーシングなどの様々なサービスを提供し、変革実現と成果創出を支援している。

しゃ かい ほしょうでぃーえっくすせんりゃく
社会保障DX戦略

2021年 5 月 1 日　　初版発行

著　者　立石英司
　　　　アクセンチュア 社会保障領域チーム
　　　　©Accenture Global Solutions Limited, 2021
発行者　杉本淳一

発行所　株式会社日本実業出版社　東京都新宿区市谷本村町3-29 〒162 0845
　　　　　　　　　　　　　　　　大阪市北区西天満 6 - 8 - 1 〒530-0047
　　　　編集部 ☎03-3268-5651
　　　　営業部 ☎03-3268-5161　　振 替 00170-1-25349
　　　　　　　　　　　　　　　　https://www.njg.co.jp/

印刷／壮 光 舎　　製 本／若林製本

ISBN 978-4-534-05851-5　Printed in JAPAN

下記の価格は消費税(10%)を含む金額です。

アクセンチュア流
生産性を高める「働き方改革」

江川昌史
定価 2035 円(税込)

コンサルタント企業としてのプライドをかけてトップ自らリーダーシップを発揮し、生産性や収益性の向上につなげた「働き方改革」の軌跡をたどります。

この1冊ですべてわかる
情報セキュリティの基本

島田裕次
定価 1870 円(税込)

情報セキュリティの考え方、情報漏えいの原因、ウイルス対策などの基本事項から、セキュリティ対策の立て方・体制のつくり方などまでを解説しています。

システム開発・刷新のための
データモデル大全

渡辺幸三
定価 3080 円(税込)

システム設計の基礎となる「データモデル」の読み書きを、豊富な用例を通じて学ぶための実践の書。技術者にもシステム担当者にも役立つ決定版です。

なぜ、システム開発は必ずモメるのか?

細川義洋
定価 2200 円(税込)

エンジニアと企業のIT担当者向けに、企業のシステム開発におけるトラブルの解決法と事前対策を、ダメージの大きい案件に絞ってストーリー形式で解説。

定価変更の場合はご了承ください。